JN026797

幕末維新の師弟学

出会いが生んだ近代日本

加来耕三
Kouzou KAKU

淡交社

幕末維新の師弟学　出会いが生んだ近代日本　目次

はじめに――〝師〟と出会う前に考えること――

「奇跡の国」のアップダウン

筆者《わたし》が学んだ歴史学に、近代日本を四十年周期（同一の変化・運動がくり返されるとき、その一回ごとに要する時間）のアップダウンで説く法則があった。

〝明治維新〟は慶応四年（一八六八）をいい、この年の九月に「明治」と改元したが、京都の朝廷が日本の「開国」を正式に承認したのは、慶応元年（一八六五）であった。

欧米列強に遅れた東洋の一弱小国＝〝鎖国日本〟が、先進国の植民地化政策を逃れて、独立国としての尊厳を守るべく、まともな産業すらない中で、必死に努力した「上《のぼ》り坂《ざか》」――その四十年後が、明治三十八年（一九〇五）の日露戦争に日本が勝利した年となる。

この日本の勝利（実質は引きわけ）は、世界中に大きな衝撃を与えた。

「奇跡だ――」とまで、中東諸国では絶賛されている。

とりわけ白人こそ優性で、アジアやアフリカの民族は、元来、劣性と思い込まされていた〝常識〟を否定した効果は大きかった。アメリカでは憐《あわれ》みと侮蔑でみていた日系移民や中国系、黒人に対する眼差《まなざ》しが、一気に警戒の色を濃くしたほどである。日露戦争に刺激されて、黒人が暴動をおこすのではないか、と政府が真剣に懸念した記録が残っている。

さて、明治日本はこれからどうするのか——世界中の人々が注目するなかで、日本人は全体として、「勝った勝った」と浮かれ、はしゃぎ、有頂天となって、自分たちは欧米列強の仲間入りを果した、と自惚《うぬぼ》れ、のぼせて、「まさか」の坂を踏みはずし、アジアへの覇権をめざして突きすすむという、〝愚の骨頂〟を実践してしまう。

中国大陸で戦争をはじめたかと思うと、昭和十六年（一九四一）十二月一日の御前会議では、対米英蘭開戦を決定。十二月八日にはアメリカのハワイ真珠湾を空襲。同時にマレー半島へ上陸して、日本は対米英に宣戦を布告し、太平洋戦争に突入していった。

結果、同盟国であったイタリア・ドイツの降参する中、世界中を敵にまわす戦いを展開し、江戸期・明治期の父祖が一生懸命に築いてきたすべてを失い、日本は亡国の一歩手前まで引きずられてしまう。

——「下り坂」の降下四十年が、ピッタリ昭和二十年となる。

この年の八月十五日、日本は敗戦（終戦）を迎えた。

歴史に学ばない日本人

日本はすべてを失った焼け跡から、再び〝独立国としての尊厳〟を取り戻すべく、懸命の努力を重ねて、祖国復興のために邁進した。高度経済成長期と呼ばれる輝かしい一時代を築き、GNP（国民総生産）世界第二位の経済大国として、奇跡的な再起を成し遂げる。『ジャパン・アズ・ナンバーワン』というタイトルの本が出たのが昭和五十四年（一九七九）。

その「上り坂」四十年の頂点が、昭和六十年にあたる。

この年の九月に、プラザ合意が決定された。今、思いかえせば、この「上り坂」の頂点で、日本はかつての日露戦争後を思い出し、反省して、今度こそ真摯《しんし》（まじめで、ひたむき）に、国のむかうべき方向を考え、長期の構想《ビジョン》をもって、時代の舵を切るべきであった。

ところが日本は、日露戦争後と同様、次代を考えることもなく、驕《おご》って、またしても暴走――平成元年（一九八九）十二月二十八日には、東京証券取引所において、日経平均株価が史上最高値をつけた。この日の終値《おわりね》は、三万八千九百十五円八十七銭（取引時間中の最高値は、三万八千九百五十七円四十四銭）であった。

「来年は五万円、数年で十万円までいける――」

根拠のない強気な見通しが、日本の市場を覆っていたが、アジア・太平洋戦争と同様、年明けからは一気に相場が崩れた。

歴史の上昇・下向《げこう》は、龍のシッポに似ている。頭が下を向いているとき、シッポはまだ上を目指しているのだ。見誤ってはいけない。もう、「下り坂」なのだ。

――しかし、日本人は歴史に学ばない。

再び燥《はしゃ》いでのぼせ、「まさか」のバブルに突っこんだあげく「下り坂」へ急降下――。

もし、この四十年周期説が正しいものであるならば、この墜落現象は令和十一年（二〇二九）までつづくことになる。問題はアップダウンが正しいとして、日本は三度《みたび》、「上り坂」を迎えることができるのかどうか、である。

歴史に法則性を求めること自体を、筆者はあながち無意味なこと、とは思っていない。冷静に立ち止まって、現実を見る起因となるからだ。

具体的にはこの先、日本には「上り坂」の時代が訪れるのか、ということであろう。

日本は平成二十二年の第二・四半期（四〜六月）に、GDP（国内総生産）世界第二位の地位を中国に明けわたした（昭和の時代はGNPが経済の指標として一般的だったが、平成以降はGDPが、より実態を表すものとして一般に使われている）。

「平成」に入ったおり、世界の企業ベスト50に、わが国は三十二社が入っていた。

ところが今、辛うじてトヨタ一社が残るのみ（平成三十一年四月現在、時価総額で四十三位）。昨年（令和元年）の世界経済に占めるシェアは、アメリカが二十四パーセント、中国十六パーセントに対して、日本は六パーセントでしかない。

ＡＩ（人工知能）、ロボット化などの技術革新《イノベーション》がボーダレスに展開し、経済や社会がこれまで以上に大きく変化しようとするなかで、日本は少子高齢化に労働力の枯渇、国際競争力の低下を抱え、どうしていいのかわからないまま、途方に暮れ、将来への展望が皆目、見いだせないでいる。

そこへ、新型コロナウイルスの発生、世界的な流行が追撃した。

未来は過去に語られている！

おそらく心ある日本人は、どうしていいのかわからぬまま、茫然自失の体《てい》となっているに違いない。筆者は次の「上り坂」は、このままではやって来ないのではないか、と懸念している。

——が、挽回の策はある。

まずは、くり返される歴史の原点に立ちかえることだ。

歴史の興亡は例外なく、人の一生のいとなみと同じ道筋《プロセス》をたどるものである。人は生まれ、育ち、気力・体力の充実した壮年期の頂きを迎え、やがて下降して衰亡していく。不死の人はいない。この個人の構造《メカニズム》は、国家であれ、時代であれ、組織でも個人であっても変わることはない。換言すれば、これまでに読者諸氏が遭遇した出来事、これから出会うであろう未知の事件にも、同じような経過をたどった過去の、同様の事例《ケース・スタディ》が必ずあった、ということになる。したがって、歴史は将来への予言といえるわけだ。

「歴史は繰り返す。法則は不変である。それゆえに過去の記録はまた将来の予言となる」

（物理学者・寺田寅彦著『科学と文学』）

歴史に名を留めた人々の生涯を追うとき、これほど納得のいく言葉を筆者は知らない。

そういえば、孔子が弟子たちとくり広げた問答集『論語』にも、

「故《ふる》きを温《たず》ねて新しきを知る、以《もっ》て師と為《な》るべし」（爲政《いせい》）

とあった。何事でも過去をたどり、学んで消化して、それから未来に対する新しい思考、方法を見つけるべきだ、と孔子はいう。「温故知新《おんこちしん》」である。

現在は、過去なくしては存在しない。しかし、過去にとらわれているだけでは、新しい世界＝未来は展望しない。だからといって、過去を無視して、ただ新しいことばかりに目

を向けても、また失敗を招くものとなる。アップダウンしかりである。

筆者はこれまでにも、何か一冊、未来《これから》を考えるうえでの、参考になる書物を推薦してほしい、といわれた時は、いつも『論語』をあげてきた。

人々が抱く、すべての悩みを解く鍵が、この本の冒頭には述べられていたからだ。

「子曰《しいわ》く、学びて時に之《こ》れを習う、亦《ま》た説《よろこ》ばしからずや」（學而《がくじ》）

ここでいう「子」とは、先生の意味。『論語』では孔子を指した。

意味は明瞭《めいりょう》（明らか）であった。学問をして、その学んだことを機会（人生に遭遇する、さまざまな決断を迫られる時）に復習し、考えたなら、その学んだものが真にわが身につく。失敗することはない。なんと、喜ばしいことではあるまいか。

中国古典の第一人者・諸橋轍次《もろはしてつじ》先生は、次のように解説していた。

「一度学べば、それでわかったような気がする。しかし、実際には、よくわかっていないものである。ところが、学んだことを折りにふれて復習・練習してみると真の意味がわかってくる。体得するわけである。その体得のよろこびこそ、学ぶことの、まことのよろこびなのだ」（『中国古典名言事典』）

最良の方法は師を選ぶこと

おそらく読者諸氏には、ここまでの理解は難しくないに違いない。問題はどうやって学ぶか、ではあるまいか。江戸時代中期、八代将軍・徳川吉宗の治世に、布施維安《ふせゆいあん》（蟹養斎《かにようさい》）という尾張徳川家の儒臣がいた。のちに、大坂に出て学問を講じた人だが、「東溟《とうめい》」とも号していた。

その彼が、次のようにいっている。

人の徳を成すこと三あり。一には自然の好天質なり。二には良師友に仕入らるるなり。三には学問にて練上《ねりあ》げるなり。然るに好天質は多く有りがたし。必ず師友学問の資に因《よ》らずんばあるべからず。（『治邦要訣《ちほうようけつ》』）

人間には生まれつきの好ましい素質が、〝徳〟となっている者がいる。そうかと思うと、よい先生につき、よき友と交わることによって〝徳〟を磨く者もいる。さらに、学問によって磨きあげて〝徳〟をつくる者もある。が、生まれつき〝徳〟が備わっているなどという人は（ほとんど）いない。だからこそ人は、よい師・よい友を得て学ぶか、独学で学問を練り上げる以外に〝徳〟を得ることはできない、との意となる。

筆者は、一番確実なのは良師を捜し、問い、学ぶことだと思う。「師は道を伝え、業《ぎょう》を授け、惑《まど》いを解く所以《ゆえん》なり」（韓文公《かんぶんこう》「師説《しせつ》」・『文章規範《ぶんしょうきはん》』所収）人の師というものは、弟子に聖賢の道を伝え、学業を受けさせ、事理に対する疑惑を解いてやるのがそのつとめである、という。韓文公（韓愈《かんゆ》）はまた、「道の存《そん》する所は、師の存する所なり」ともいっていた。問いかける道（疑問）があるのならば、それに答えてくれる人は必ずいる。しかし、その師を得るのが、実は難しかった。

「師を択《えら》ぶは慎《つつし》まざるべからず」（『礼記《らいき》』學記《がっき》）

師を選ぶには、慎重であるべきだ。あやまった師を選べば、かえって道を損う。新しい知識は持っているが「浮薄新進《ふはくしんしん》、事《こと》を好むの徒《と》」――軽薄で流行を追うような人物では、師としては不十分である。できれば、人物も本物、立派であってほしい。ところが実際、そういう〝師〟がいるのかといえば、なかなか難しい。

本来、〝文武〟に師は存在するが、見た目にわかりやすい武道、スポーツの世界――本当に〝師〟と仰ぎ得る人は、さて、どれほどいるのだろうか。

筆者は師範学校が教育大学に変わって以来、〝人格高潔〟な師は、めっきり少なくなった、と思っている。前述の「学問にて練上げ」たような人物もしかりである。確かに、良師は今も存在する。が、そういう人は、己れを必要以上に飾ろうとはしないものだ。それだけに、捜すのに一苦労する。

師は三年かけて捜せ、という言葉が江戸期の武道の世界にはあったが、師を得るというのは、きわめて難しく、尋ねあてるのに時間もかかった。

まずは、明治維新に〝師〟を求める

ならば取りあえず、歴史上の人物が学んだ〝師〟に、われわれも学んでみてはどうであろうか。

それこそ歴史上には、人格高潔・実績豊富な〝師〟が、星の数ほどに存在した。むしろ、選択に時間がかかる。「光陰矢の如し」という。月日の過ぎ去るのは速い。

条件を限定して、選べばよい。

具体的には、近代最初の「上り坂」の〝師〟に学ぶのはどうであろうか。

どのように考えても、幕末日本は、今よりも苛酷《かこく》な状況下に置かれていた。

ちなみに、令和二年（二〇二〇）は〝庚子《かのえね》〟の年であった。

十干十二支《じっかんじゅうにし》に法則性を見いだす、六十年周期の「暦学《れきがく》」では、同じ年まわりの一八四〇年、隣国・清《しん》がイギリスと阿片《アヘン》戦争を戦ったことを重要視している。なにしろ、負けるはずのない大国が一島国に敗れて、南京《ナンキン》条約を結ばされ（一八四二年）、広州《こうしゅう》、福州《ふくしゅう》、廈門《アモイ》、寧波《ニンポー》、上海を開港し、香港を割譲させられたほか、多額な賠償金の支払いを定められた。

それを知った日本は、背筋を凍らせて「次はわれわれだ」と怖気《おぞけ》をふるった。

〝鎖国〟をしていた日本には、近代産業は何一つ育っておらず、軍事力も含めて欧米列強の植民地化政策を、逃れる術が皆目、見いだせないでいた。

そのため、徳川幕府が欧米列強と結んだ条約は、不平等なものになってしまう。こちらの無知につけ込まれ、輸入品にかける税金の率を日本が決めることができない（関税自主権の喪失）、また、西洋人が犯した罪を裁く権利もなくしてしまう（治外法権）。

悲嘆にくれるか、傍観するかの、大半の日本人の中にあって、ほんのわずかな人々だけが、対外的危機意識（幕藩体制の破綻）を見すえて、自国独立を志して立ちあがった。

何処にも設計図はないのに、〝師〟に学びつつ試行錯誤をくり返し、やがて幕府を倒して、新国家を樹立・運営する革新的《イノベーティブ》な取り組みに、敢然と立ちむかい、成功した。

——ここには、大いなるヒントがある。

明治維新からわずかな期間で、日本が発展した構造《メカニズム》を明らかにすることができれば、これから先の未来に備えることは、決して難しいことではない。解悶《かいもん》（心配をはらす）を先に述べよう。筆者は「教育」にこそ、「上り坂」の秘訣があったと考えてきた。

彼ら幕末・明治に活躍した人々は、例外なく、古い封建制＝江戸期に生まれ、育っていた。にもかかわらず、まったく見たこともない欧米の先進国に伍《ご》する国を創りあげることに成功した。彼らは各々の師から、小手先の術ではない生き方、姿勢、理念と、具体的な目標を明確にすることを学び、なおかつ速やかにそれを実践するための方法論を身につけた。

日本が近代化するには、先進技術の導入、巨大な工場の建設、近代的な税制や土地制度の整備、憲法、議会の制定など、欧米列強がすでに動かしていたものを、短期間に移植し、稼働させ、それなりの成果をあげなければならなかった。

多くのアジア・アフリカの国々が、同様に挑んだ中で、成功し得たのは日本だけである。その変革の智恵と工夫の根本こそが、日本独特の「教育」にあったと筆者は思っている。

教育こそ「上り坂」の秘訣

近現代史の中で、長い間、日本は欧米以外で近代化を成し遂げた、唯一の国であった。中国やアジアの国々が、日本につづいたのは太平洋戦争後の、東京オリンピック、否《いな》、日本万国博覧会（通称・大阪万博）以後のことである。いささか大げさな言い方が許されるならば、日本の明治維新から日露戦争にいたる過程は、世界の歴史を根底からくつがえしたといえる。それまで「西洋史」にすぎなかった世界の歴史を、真の意味での世界史に一変させたのは、日本の近代化であった、といっても過言ではあるまい。

では、読者諸氏にお考えいただきたい。それを成し遂げた人々よりも、世代が上であるその〝師〟が、なぜ、偉大な軌跡の素《もと》を弟子に教えられたのであろうか。

真の独立と平等――後進国日本に膨張主義、侵略思想などはそもそもなかった――、人間に等しく与えられていた権利を、〝師〟たちは鳥瞰《ちょうかん》（全体を大きく見渡す）して、弟子に教授したように思われる。それを可能にしたのが、漢学（中国古典）や国学（日本固有の文化および精神を明らかにしようとする学問）から導き出した、不変の原理・原則であり、並外れた現実認識の能力の高さ、さらには優先順位のつけ方の巧みさ――その方法論にあったように思われる。

古い独自の文化上に、新しい近代的な西洋文化を築いて、なおかつ両立させて成功へ導く――近代日本の一つ目の「上り坂」は、この一見不可能にみえる難問を見事、解いたのである。一言でいえば、「和魂洋才」であった。

逆に、植民地化された中国やアジア・アフリカ諸国が、日本のような近代化を達成できなかったのは、なぜか。彼らの努力、進展は、同時に過去の伝統ことごとくを破壊することによって、もたらされたものであったからだ。

近代日本は、西洋文化を無条件に導入するのではなく、咀嚼《そしゃく》して自分のものとし、消化した。それを可能にしたのが、漢学の知識・教養であった、と筆者は考えてきた。

たとえば、〝日本資本主義の父〟といわれる渋沢栄一《しぶさわえいいち》は、第一国立銀行（みずほ銀行の前身の一《いつ》）や東京株式取引所（現・東京証券取引所）、帝国ホテルなど五百以上の企業や団体の創設にかかわった。まさに、「明治」を牽引した中心人物の一人といってよい。

しかし彼は、武蔵国榛沢郡《はんざわ》血洗島村《ちあらいじま》（現・埼玉県深谷市《ふかや》血洗島）の豪農の子であり、一橋家《ひとつばしけ》（徳川御三卿《ごさんきょう》の一）の家臣に紛れ込んだとはいえ、江戸の封建制社会に生まれ育った人であった。何処で、近代日本の産業立国の方法論を、誰について学んだのであろうか。

多くの渋沢栄一の評伝は、この一番大切な〝師〟についての論証が抜け落ちていた。

一般に渋沢といえば、『論語と算盤』が有名だが、彼は次のようにいっている。

「儒教即《すなわ》ち孔子の教《おしえ》は固《もと》より紙上の空説高論にあらず。一々これを日常生活の上に実行すべき道である。〈中略〉余は堅く信ず。学問は学問のための学問にあらず、人間日常生活の指南車《しなんしゃ》（乗っている人形〈仙人〉が、一定の方向を指し示す車）たらんがための学問なり。即ち学問は人生処生《しょせい》上の規準なり」（渋沢栄一著『論語講義』）

師＝「指南車」に学び、それを実践してこその儒学だ、というのだ。

渋沢栄一に師が教えた学びの方法と奇跡の翻訳

詳しくは5章の渋沢の項で述べるが、彼の〝師〟＝尾高惇忠《おだかあつただ》の教え方は、「一種の〝捗《はか》遣《や》り（物事をはやく進める）主義〟」（『渋沢栄一伝記資料』第一巻）であった。通常、『論語』の学習はくり返し音読して、暗記させるやり方を採用するが、惇忠は速読・多読を重視した教育方針を採っていた。

このことは学問の効率性、進捗《しんちょく》を考えるとき、意義は極めて大きかった。

意味のわからない言葉、単語はわからないまま、一つの記号として（たとえばX《エックス》と置いて）読み進める。学びが進めば、意味がわかるようになり、理解は一気に深まる。惇忠は読書についても、読みやすいもの、面白いと思うものから入り、心をとめて読むことが大切で、そうすれば知《し》らず識《し》らずの間に、読書力がつく、ということを語っていた（『青淵《せいえん》回顧録《かいころく》』より）。

実はこの学び方こそが、渋沢をして〝日本資本主義の父〟と成し得たといってよかった。詳しくは、本書の5章を参照いただきたい。

ところで、読者の中には、なぜ最初の「上り坂」でなければならないのか、二度目の「上り坂」ではだめなのか――換言すれば、二つの坂の差異に気づかれていない方がおられるかもしれない。いずれにも、〝師〟はいたのだから。

筆者は最初と二度目の「上り坂」を比べて、〝師〟の功績に大きな違いを一つ、感じてきた。翻訳、創語の努力と実力である。表現力にあふれた日本語の良訳、翻訳主義の成功といってもよい。

第一の「上り坂」において、時代を牽引した人々の師は、多くが高度な漢学の素養をもっており、彼らは日本文化の独立性を維持するために、あらぬかぎりの智恵をふりしぼって、それまでの日本にはなかった翻訳語を生み出した。

「哲学」「理想」「本能」「政府」「議会」「弁論」「経済」「民権」「郵便」などは、幕末・明治に生まれた単語で、それ以前の日本には登場していないものばかりである。

筆者はこの新しい日本語こそが、近代日本＝日露戦争を戦うまでに、日本人全体を強くした、一番わかりやすい象徴だったと考えてきた。逆にいえば、カタカナをもちいたが故に失敗したのが、戦後から「令和」につづく日本だと思い定めてきたからである。

『荀子《じゅんし》』に「天論篇」というのがある。六つのことをいい加減にしておくと、必ず国が亡びる、との極めて厳しい戒めだが、次のように列記されていた。

「礼義不参、内外無別、男女淫乱、父子相疑、則《すなわち》上下乖離《かいり》、寇難並至《こうなんならびいたる》」（礼儀が修まらず、内外別なく、男女淫乱にして、父子相疑《あい》えば、則《すなわ》ち上下乖離し、寇難並び至る）

注目したいのは、二つ目の「内外無別」である。自らの内と外、家族の内と外、国内と国外の区別——いずれにせよ、二分しているからこそ、みえてくる真実というものがあるのだが、日本人はいつしか勘違いをして、たとえば外国語に堪能な人を国際人と思い込んでしまった。とんでもない、錯覚である。自国の歴史と現状を、自分の言葉で堂々と、海外の人々に述べることができる人を真の国際人というのである。

明治の時代の方が、昨今に比べると、国際人というにふさわしい、日本人の〝質〟が高かったように思われてならない。筆者はその原因を翻訳、創語の力に求めてきた。

たとえば、「プライマリー・スクール」（Primary School）をそのまま覚えるのと、「小学校」と訳すことの違いである。カタカナは単語を覚えなければ意味が通らないが、漢訳は「小学校」と字面《じづら》をみれば、つづく「中学校」「高等学校」「大学」も大意は通じた。

前述の「X《エックス》」を日本語にしたわけだから、理解力は最初から格段にあがった。

また、日本式カタカナは覚えても発音、アクセントが異なるので、外国では実際には使えない。この翻訳技術によって、明治日本では今までに聞いたことも見たことない、西洋の知識を一気に消化し、国民の中に文化の階級的格差が生まれることを阻んだのである。

本書には明治の国際人が幾人か登場するが、共通して彼らは自国の文化を熟知していた。

グローバリゼーション（物事が国家の境界を越えて広がり、世界規模で一体化していく）という現象をみるとよい。英語の圧力が強くなり、何でもかでも英語になる傾向が強まったために、日本も含め音楽や現代美術の世界では国籍離脱傾向が顕著となった。筆者には、国籍の消失したような感慨がある。

余談ながら、日本が中国に経済力において抜かれたのも、国土の大きさ、人口もさることながら、根本は案外、翻訳の差だったのではないか、と筆者は考えている。

現代中国は、かつて明治日本がやったのと同じように、固有名詞以外は一切がっさい、すべての外国語を漢訳している。このことが中国をして、日本に勝たしめることにつながった、と筆者は心底で思いつづけてきた。

いずれにせよ、これからの未来を考えるとき、筆者は明治日本の成功――とりわけ師と弟子に学ぶのが何よりだと考えている。詳しくは目次をご覧いただき、気になる師弟から読み進めていただければと思う。

最後になりましたが、前作『利休と戦国武将　十五人の「利休七哲」』につづき、本書刊行の労をとって下さった淡交社編集局局長の滝井真智子氏、本書を企画・担当いただいた編集部の井上尚徳氏に、この場を借りてお礼を申し述べます。

令和二年冬至　東京・練馬の羽沢にて

加来耕三

1 維新回天への先駆けとなった師弟

吉田松陰 *1830-59* ―― 高杉晋作 *1839-67*

高杉晋作（国立国会図書館「近代日本人の肖像」より）

吉田松陰（国立国会図書館「近代日本人の肖像」より）

得難きは〝師〟

「よきひと（浄土宗の開祖・法然《ほうねん》）のおほせ（仰せ）をかうぶりて（こうむりて）、信ずるほかに別の仔細《しさい》（子細）なきなり」

浄土真宗の開祖・親鸞《しんらん》の言行を、弟子の唯円《ゆいえん》が編纂した『歎異抄《たんにしょう》』に出てくる言葉である。その親鸞は、次のようにも述べている。

「たとひ、法然聖人《しょうにん》（上人）にすかされ（だまされ）まいらせて、念佛（念仏）して地獄におちたりとも、さらに後悔すべからず候《そうろ》ふ」（同右）

「善知識にすかされ（だまされ）たてまつりて、悪道へゆかば、ひとりゆくべからず、師とともにおつべし」（親鸞の孫で本願寺第三世・覚如《かくにょ》の著した『執持抄《しゅうじしょう》』）

まさに法然と親鸞は、理想的な師と弟子といってよい。

しかしながら、「よきひと」＝〝師〟の仰せにはときに、納得のいかないこと、理解できないことがある。これは学問の世界であっても、芸道・武道や信仰においても、およそ教える者と学ぶ者が往来する社会においては、起こり得ることであったろう。

なぜならば、当然のことながら師と弟子とでは、学問・教養・経験・思考・行動において、そもそも相当のへだたりがあるもの（なければ、師と弟子は成立しない）。無論、弟子は師を尊ぶからこそ教えを乞い、問いかけを行うわけだが、師の言動をことごとく理解することなど、本来、できるものではない。

むしろ、かなりの時間、歳月が経過してようやく、「ああ、師の仰っていたのは、こういうことだったのか」と合点がいき、眼から鱗《うろこ》の落ちる思いをするのが普通であろう。そして多くの場合、心の底から感謝の意を伝えたい師は、その時、この世にはいないものだ。だからこそ、人生の生き方＝原理・原則を教えてくれる〝師〟は貴《とうと》く、得難《えがた》い。

生涯かけて〝師〟に出会えない人もいる。が、筆者が最も残念に思う人は、〝師〟を持つことの意義や価値に皆目、気づかないまま、人生を送る人である。

歴史上、世に傑出した足跡を残した人は例外なく、自らを高めてくれ、人生を充実させてくれた〝師〟を持っていた。否、懸命に〝師〟を探し求めた人だからこそ、成功者・勝組《かちぐみ》に連なり得たといえる。

――「学ぶ」は本来、「真似《まね》ぶ」から始まっている。

ぎこちなく思われても、他者から滑稽視《こっけいし》されようとも、徹底して〝師〟の立ち居振舞いを、〝弟子〟は模倣することで、わが身のいたらなさを質《ただ》し、身を修め、識見を養い、〝師〟に近づくことで良質の人間関係、交友の世界を築くことに成功した者は少なくない。

教育とは「瀉瓶」なり

〝戦国三英傑〟といわれる織田信長は名僧・沢彦宗恩《たくげんそうおん》に学び、己れの理想像を平清盛《たいらのきよもり》に置いていた。豊臣秀吉は信長の愛弟子になり切ることで、反面教師も含めてこの主君に学び、天下を手に入れている。徳川家康は自らを完膚なきまでに倒した、武田信玄に「真似び」、立ち居振舞いから軍略・兵法までことごとくを武田（甲州）流に変えている。

——成功者といわれる人には、かならず「真似ぶ」べき〝師〟がいた。

ただし、弟子たる者の姿勢は、原則として一人で師と対峙、対局しなければならない。その師に複数の弟子がいたとしても、弟子の個性・能力・資質はすべて異なるはずである。何を「真似び」「学ぶ」のか、レベルは別にして、入門の前に問いかけのない者は、おそらく弟子となる資格がないであろう。

逆に〝師〟たる者は、〝弟子〟の性格・人柄を考えて教えるだけの度量（心が広くてよく受け入れる性質）がなければ、ならない。基本は「入門する者は拒《こば》まず」だが、著名な〝師〟は多忙なもの。弟子志願者の問いかけを聞いて、入門を許すこともあろう。

そのためにも弟子は、師が本気になって教えてくれる、答えてくれるだけの問いかけを、事前に持っていなければ、そもそもの師弟の関係を結ぶ、入門が成り立たない。

筆者は、しみじみと弟子の胸に、師の教えが浸透する（しみとおる）、理解できないまでも内蔵されるためには、二人の関係は一対一《マンツーマン》で向かい合う形でなければならない、と考えてきた。量ではなく質である。一対多数《マス》の関係では、法然と親鸞のような師弟関係は生まれない。本来、教育とは「瀉瓶《しゃびょう》」だ、と筆者は考えてきた。

「瀉瓶」の「瀉」は「そそぐ」と訓《よ》み、瓶《かめ》の中身をことごとく別の瓶にそそぎ込む。移し替えることをいう。師弟においては、師の〝すべて〟をあますところなく、弟子にうつし、伝えることを表していた。そこには教える者と教わる者の魂のふれ合いがあり、ときに閃光《せんこう》を発するような烈しさをともない、ハッと目が覚めたように、悟るようなことがあるかと思うと、「儒《じゅ》は柔《じゅう》なり、濡《じゅ》なり」（『説文解字《せつもんかいじ》』）という道もあった。

江戸時代、広く武士の間で研鑽《けんさん》された儒学は、「柔」＝おだやかな道を守ることをいい、決して目立ったいさましさを鼓舞したりはしなかった。「濡」（うるおす）とあるごとく、雨にぬれて大地が潤い、緑林が光り輝くように、しみじみ人々の心の襞《ひだ》に通っていく。

歳月をかけて心身に染まっていくような、学びの世界こそが王道ともいえた。

「日本人はヒューマニズム、耐えがたきを耐え、忍び難きを忍ぶ実践力を、儒学によって培《つちか》ってきたのだ」

かつて、筆者の恩師、勝部《かつべ》眞長《みたけ》・お茶の水女子大学名誉教授が語ってくれたことがある。

儒学がそうであるように〝師〟の教えも、即効性のないものの方が多いように思う。

だが、〝弟子〟に学びの手応《てごた》えがあり、人生を前向きに生きようとする姿勢があるかぎり、教えの効果はやがて明白な形をとることになる。人生の失意や挫折、苦しみから、辛うじて立ち直ることができるのも、師からの教えあればこそであり、自らのもつ使命感・信念は、〝九転十起〟(浅野財閥を創った浅野総一郎の言葉)しても、やがて花開く。

「邂逅」の条件

これからその実例をみて行くのだが、まずは師と弟子の出会いについて述べたい。

師弟における意思伝達《コミュニケーション》は、一面、通訳の伝える技術と似ている。

日本初の同時通訳者として、あるいは日本における会議通訳者の草分け的な存在でもある長井《なが い》鞠子《まり こ》さんは、著書『伝える極意』の中で、単に「発言する」だけでなく、しっかりと相手に「伝える」ために何が必要か、次の三点をあげておられた。


「誰かに伝えたい」と思う内容《コンテンツ》を持っているか。

それを伝える熱意があるか。

話を相手にわかりやすくするための論理性・構成力があるか。


これはまさに、師と弟子の出会い、すなわち「邂逅《かいこう》」（運命的にめぐりあう）にとっての、〝師〟の側の必須条件といってよい。

もとより学ぶ弟子の側にも、懸命に追い求めながらも解けない問いかけ――たとえば、「自分は何のために生きているのか」「自分は何をすればいいのか」「人生とは何か」といった――がなければ、「邂逅」はそもそも成立しない。

しかし、追い求めたからといって、かならずしも〝師〟は得られるものではない。

人生には、不思議な縁《えにし》というのがある。理屈では割り切れないのが、「邂逅」――。

ただ、問いかけをつづけなければ、縁は未来永劫《えいごう》巡ってこない。問いつづけることで、いつしか縁が生まれ、師と仰ぐ人物にようやく巡り会える。

「遭い難くして、今、遭うことを得たり。聞き難くして、今、聞くことを得たり」

冒頭の親鸞は、法然との「邂逅」を、このように表現している（『教行信証《きょうぎょうしんしょう》』）。

おそらく、幕末の長州──吉田松陰が主宰した松下村塾《しょうかそんじゅく》を訪れたおりの高杉晋作も、松陰に出会って、親鸞と同じ感慨を持ったに違いない。

天保十年（一八三九）八月二十日、長州藩大組《おおぐみ》で禄高百五十石取り──この藩では上士の跡取り息子に生まれた高杉は、幼年期、小柄で体力にも恵まれず、それでいて気だけが強い、といった子供であった。

もし、彼が松陰に出会うことがなければ、おそらく後世に名を轟かすことはなかったろう。十九歳で松下村塾に入門した高杉は、師の強烈な個性に触れ、学問の目的が知識の吸収や出世の手段ではなく、天下国家を救うためのものだ、という根本を知り、懸命に学んだ。以来、どちらかといえば、凡庸であった高杉の学問は一変する。

何をやっても中途半端──藩校「明倫館《めいりんかん》」でも、成績は決して悪くはなかったが、秀才の久坂玄瑞《くさかげんずい》には到底かなわず、剣術もいま一つ。二十二歳のおりに柳生新陰流《やぎゅうしんかげりゅう》の免許皆伝は得たものの、自ら「試撃行《しげきこう》」と名づけて諸国を廻った剣術修行では、よく敗けていたという。蘭学修行も、ついにはものにならなかった。

藩校は誕生したものの……

――少し脱線して、幕府・諸藩の学問事情をみておきたい。高杉や木戸孝允《きどたかよし》（桂小五郎）、井上馨《かおる》ら、幕末動乱に活躍した人々も学んだ藩校「明倫館」は、享保四年（一七一九）に五代藩主・毛利吉元《もうりよしもと》によって創設されたものである。

その前年に「文武の芸」を教授する「家業人《かぎょうにん》」に限らず、長州藩の武士も「文武の芸」に励むように諭す「達し文」が出ている（『日本教育資料』巻六）。

稽古（学習）始《はじめ》は正月十二日、稽古納《おさめ》は十二月十日。毎年、七月は講釈（講義）は休みの月と定まっていた（武芸は九月が休みの月）。入学年齢の制限はなく、最初は小学舎で学び、「小学生」と称した。

『孝経』から『論語』『孟子』『中庸』、と基礎的な素読《そどく》（読み方）を〝五経〟で学び、一応の目安を三年とした。終えると「大学生」となり、〝四書五経〟（中国の重要古典＝四書

『大学』『中庸』『論語』『孟子』と五経『易経《えききょう》』『書経』『詩経』『礼記《らいき》』『春秋』の併称）の会読《かいどく》（集まって読み論じ合う）へと進む。

儒学の講釈は月に十二日、兵学は六日、武芸は五日と定められていた。

「明倫館」のみならず、天下三百諸侯による藩校ブームは、そもそも五代将軍・徳川綱吉の学問好きに由来していたといってよい。

「生類憐《しょうるいあわれ》みの令」を世に強要して、〝犬公方《いぬくぼう》〟と悪評をもって叩かれた将軍綱吉は、一方で大の学問好きで、元禄三年（一六九〇）には儒学者・林羅山《はやしらざん》（別号を道春《どうしゅん》、諱《いみな》は信勝《のぶかつ》）の家系が祀ってきた孔子の聖廟を、湯島に移築することを命じ、「湯島聖堂」を落成させている。併せて、学問の施設も湯島に移し、「昌平黌《しょうへいこう》」と通称した。

湯島聖堂では仰高門《ぎょうこうもん》を入った東舎で、一般の人々への講釈も行われるようになる。ときの林家の当主・信篤《のぶあつ》（号して鳳岡《ほうこう》、羅山の孫）は、蓄髪《ちくはつ》（一度、剃髪した人が再び髪をのばす）を幕府から命じられ、学問を主管する大学頭《だいがくのかみ》という官職名を与えられた。

これが儒者という身分が、公に認められた最初である。

林家の家塾「弘文院《こうぶんいん》」（別名弘文館《こうぶんかん》・「弘文」は四代将軍家綱《いえつな》の命名）では五科（経義・博読・詩文・史学・皇邦典故《こうぼうてんこ》）の科目があり、学力に十等の区切りが設けられていた。

学問は江戸時代以前から、尊きものとされており、室町・戦国時代においては、四書五経を教えるのに、そもそも許可が必要であった。古代朝鮮の大学寮以来の伝統を受けつぎ、儒学を家学として伝承をしてきた公家・清原家の許しなく、講釈を行うことは禁止されていた。

にもかかわらず、京都相国寺《しょうこくじ》の学僧でありながら還俗《げんぞく》して、儒学を唱え、仏教の堕落を厳しく叱責した藤原惺窩《ふじわらせいか》が世に出、徳川家康の求めに応じて講釈を行った。

このおりは清原家も見て見ぬふりをしたが、惺窩の〝弟子〟の林羅山が、京洛で朱子《しゅし》（朱熹《しゅき》）の注釈を大衆を前に講釈した時は、烈火の如く怒《いか》った。ときの清原家の当主・秀賢《ひでかた》は、朝廷・幕府に訴え出て、林の厳しい処分を求めた。が、家康に却下されている。

日本で最初に、学問の自由を認めたのは、もしかすると家康であったかもしれない。

その家康の曾孫にあたる将軍綱吉は、幼少より好学の人であり、全国に藩校を創設させた功労者となったが、意外なことに、当時の日本人は武士も含めて、ほとんどこの中国伝統の学問に関心を示さなかった。

学問の復興は職につける政策にあった

　先の林家の家塾「弘文院」で、寛永七年（一六三〇）から延宝八年（一六八〇）までの五十一年間に学んだ門人は、わずかに三百十名。しかも直参《じきさん》＝旗本・御家人は五名、諸藩士が八十三名、残る二百二十二名は不明とあった。おそらく、身分の埒外《らちがい》にいた医師・僧侶か豪農・豪商層であったかと思われる。

　諸藩の藩校の創立に携わったのは、ほぼこのなかの武士であったといえそうだ。

「弘文院」が官立学校化した「昌平黌」も、入学する者はさっぱりであった。

文武の奨励にはげんだ八代将軍吉宗は、八重洲《やえす》（八代洲《やよす》）河岸《がし》の高倉《たかくら》屋敷（現・東京都中央区八重洲）に儒学の公開講釈所を開設したが、

「御旗本の武士に聴く人絶えてなし。只《ただ》家中の士、医者、町人など少々承《うけたまわ》る」（荻生徂徠《おぎゅうそらい》著『政談《せいだん》』）

　といった状態であった。

――長州藩の「明倫館」も、ご多分にもれない。

「自然と風俗も衰《おとろ》へ、学館講釈聴衆も寡《すくな》く、諸士の志鄙劣《ひれつ》（品性・行為がいやしい）に相《あい》成《なり》、権門勢家《けんもんせいか》に奔走し、或《あるい》は利潤才覚に携《たずさ》わり、少壮の者共も奉公の心掛け薄く、漁猟《ぎょりょう》遊観《ゆうかん》に日を過ごし、武士の堅気を失ひ、其《そ》の心さまよろしからざる者もまま出候様相聞《でそうろうようあいきこえ》」（『山口県教育史』）といったありさまで、「国家（藩）の大患《たいかん》たり」とあった。

いまも昔も、人々の向学心は日々の生活と密接な関係にあったようだ。

幕府も諸藩も、米を経済の基盤としたため、取れ高が毎年異なる米にふり回され、一方で価値の変わらない銭が台頭すると、将来の米の収入を担保に借金をくり返し、気がつけば財政破綻に追い込まれていた。それは一方で、長くつづいた生活苦により、「武士の堅気」を失わせ、その志をも奪うことになってしまった。今日明日の算段に明け暮れる者は、高邁な仁義礼智などに目を向ける余裕を持てなかったといえる。

しかし、教育は上層がその気にさえなれば、工夫し、再建することは決して不可能ではなかった。そのことを、日本史は証明している。

八代将軍・徳川吉宗の孫にあたる老中・松平定信が「寛政の改革」を断行した。

その目標の一つに、幕臣の綱紀粛正と人材登用をあげた。そして、その手段として学問を重視する政策をとった。寛政九年（一七九七）に林家の家塾を〝公〟のものとし、その財政運営も勘定奉行の管理下に置き、名称を「学問所」に変更。明解な幕府直参《じきさん》の教育機関として、ここに官学「昌平坂学問所《しょうへいざか》」が誕生した。

幕臣とその子弟の入学を奨励し、諸藩の学生に書生寮を開放して、全国の武士教育の中心機関としたのである。ここで重要であったのは、寛政四年から、旗本・御家人で十五歳以上のものを対象に「学問吟味《がくもんぎんみ》」が行われるようになったことであった。

十五歳未満を対象とした「素読吟味」も、同断である。

学問ができれば、幕府の役職につけるようになったのだ。これは大きかった。

幕末、内憂外患に揺さぶられる幕府の、官僚をつとめた逸材の多くは、この「昌平坂学問所」の教育制度《システム》によって、登用された教養人が大半を占めていた。

幕府は「昌平坂学問所」のほかにも、のちの大学の学部別を想定するように、国学を教授し、史料編纂の機関でもある「和学講談所《わがくこうだんしょ》」を設立（慶応四年〈一八六八〉廃止）。蘭学・洋学の研究機関として、安政三年（一八五六）には「蕃書調所《ばんしょしらべしょ》」が創設され、文久二年（一八六二）に「洋書調所」、翌年に「開成所《かいせいじょ》」と改称した。

教育制度の改革が〝非常の才〟を生んだ?!

ちなみに、江戸城一橋《ひとつばし》門外に新たな建物とともに移った「開成所」では、蘭・英・仏・独・露の五カ国語のほか、天文学・地理学・数学・物産学（のちの薬学・植物学）、精煉《せいれん》学（のちの化学）・器械学（のちの機械工学）、画学（絵画）、活字術（活版印刷）などの研究が一部、教育とともに行われた。

明治に入ると、新政府のもと「開成学校」と名称を変え、以後、大学南校、南校、第一大学区第一番中学と変更をくり返し、普通教育と外国語教育に力を入れた結果、明治六年（一八七三）に「開成学校」にもどって、法学・理学・工業学・諸芸学・鉱山学の各学科を置き、その後、専門教育機関として整備され、明治七年に「東京開成学校」となり、三年後、ときの東京医学校と合併して、東京大学となった。

また、先の「蕃書調所」が創設されて五年後、文久元年（一八六一）に西洋医学を教授すべく「西洋医学所」、二年後には「医学所」を設けた。2章の緒方洪庵《おがたこうあん》が頭取（学長）をつとめている（関連167ページ参照）。明治に入って「医学校」として再興され、「大学東校」、「東京医学校」などの名称変更を経て、東京大学医学部となった。

当初、東京大学は法律・理学・文学・医学の四学部であったが、明治十九年に「工部大学校」を併合し、五分科大学と大学院をも設置し、「帝国大学」となった。

同学は、学校体系上の最高学府として位置づけられる（のち農科大学を併合、さらに経済学部を新設する）。「昭和」の戦後、教養・教育の二学部を設置、薬学部をも新設。令和二年（二〇二〇）現在、十学部・十三研究科・十一附置研究所をもち、学部学生数は約一万四千人を数え、公立大学のなかでは、最大規模を誇っている。

――話を「昌平坂学問所」に戻そう。

松平定信による、試験＝「学問吟味」をへた人材登用は、決して間違った判断ではなかった。が、個人の能力を重視する考え方は、やがて門閥制度＝封建体制の基本そのものを根底から揺るがすことになる。つまり、これからみる〝非常の才〟（非常時に役に立つ人）が、ここに、群れ集まって来たからだ（関連52ページ参照）。

幕末の動乱期、活躍した者の多くが、「昌平坂学問所」や「蕃書調所」（のち「洋書調所」「開成所」）にかかわって登場した。〝ご一新〟に近づくほどに、幕府は〝非常の才〟を求めざるを得なくなり、大名家の藩士をも〝直参〟に取り立てて活用するようになる。

その中には、長州の村落医出身の大村益次郎《おおむらますじろう》（前名・村田蔵六《むらたぞうろく》）や豊前中津藩士・福沢諭吉、薩摩藩郷士出身の松木弘安《まつきこうあん》（のち寺島宗則《てらしまむねのり》）、津和野《つわの》藩の医家出身の西周《にしあまね》、尾張藩士・宇都宮三郎のような人物も含まれていた。

「瀉瓶」に必要な〝師〟の配慮を説く、吉田松陰と二宮尊徳

――実は諸藩の藩校は、幕府の「昌平坂学問所」ほどの成果はあげていなかった。

理由は財政の逼迫であり、四百万石の実力をもつ幕府とは比べものにならない諸藩の台所は、いずこも「武士の堅気」を鼓舞することができないまま、立ちすくんでいた。

そうした中で、長州藩の場合、藩校「明倫館」が再興されたのは、村田清風―周布《すふ》政之助《まさのすけ》による藩政（財政）改革に成功したことが大きかった。

藩財政が改善されるごとに藩校は面目を新たにし、嘉永二年（一八四九）には従来の十五倍の大きさに敷地は拡大され、学校経費も五百石から三千五百石へと加増されて、人材登用がはかられる一方で、支藩の藩校――徳山藩の鳴鳳館《めいほうかん》（のち興譲館《こうじょうかん》）、清末《きよすえ》藩の「育英館」、豊浦藩（長府藩）の「敬業館《けいぎょうかん》」、岩国藩の「養老館」へ、さらには武士が主宰する私塾や寺子屋へ人材を輩出することとなった。

そうした一つが、吉田松陰の松下村塾《しょうかそんじゅく》であったわけだが、梲《うだつ》の上がらない（思う存分活躍できない）十代を送ってきた高杉が、明治維新の〝回天〟に、長州藩を代表して多大な

貢献をする英傑となり得たのは、一《いっ》に師の松陰のおかげであったといってよい。
松陰は天性の教育者として、前述の「伝える」ための技術三点に卓越していたように思われる。とりわけ、相手＝弟子の個性を見据えた教え方、性格・学力によって内容を変える柔軟性は、教育者として偉大であった。「瀉瓶」でいえば、そそぎ込み、移し替える作業に、器によっての個別の工夫があった、ということになる。
幕末の荒れた農村を、次々と蘇らせた二宮尊徳の言葉を借りれば、次のようになる。

交際の道は碁将棋《ごしょうぎ》の道に法《のっ》とるを善《よし》とす。

夫《そ》れ、将棋の道は強き者、駒を落して、先の人の力と相応する程《ほど》にしてさすなり。

甚《はなは》だしき違ひ（レベルの差）に至っては、腹金《はらきん》（王将の横に王手に打つ金将）と又《また》、歩三兵《ふさんびょう》（上手《うま》い者は王将だけを盤に並べ、歩兵三枚を持駒とする）と云《い》ふまでに外《はず》すなり。

是《こ》れ交際上、必用の理《り》なり、己《おのれ》富み、且《か》つ才芸《さいげい》あり、学問ありて、先の人、貧《ひん》ならば、富を外《はず》すべし。先の人、不才《ふさい》ならば、才を外すべし。無芸ならば、芸を外すべし。不学《ふがく》ならば、学を外すべし。是れ、将棋をさすの法なり。

此《こ》の如くせざれば、交際は出来ぬなり。

（『二宮翁夜話』巻之四・筆者、適宜、句読点を入れて改行し、注釈を加える）

意識しての、駒を落としてのつき合い、これは師弟の関係においても重要である。

ところが、現代の教育者と称する小学校・中学校・高等学校の教師、専門学校・大学で教鞭をとる先生方、塾の講師の大半は、これを大いに勘違いしている。

教え子が教師より学問レベルが低いのはあたり前で、そのギャップを埋めてやるためにやさしく教える、ここまでは良い。問題はその〝手段〟をもって、何を〝目的〟とするのか、であった。それが皆目、教える側にみえていない。

広瀬淡窓の教師失格の述懐

「人の為《ため》に謀《はか》りて忠《ちゅう》ならざるか」（『論語』學而《がくじ》）

私は人（教え子）のために教えてやり、相談にものっている。だが、この場合の私は、本当にまごころをつくして、その人のためになるように考えているだろうか。誠《まこと》において、欠けるところはなかったろうか。

「習《なら》わざるを伝《つと》うるか」（同右）

人は知ったかぶりをしがちなものだ。本当は自分自身もはっきりと修得も体得もしていないことを、知ったかぶりをして人に伝えたり、教えたりはしていないだろうか。教える側に、これらの姿勢や覚悟、反省ができていないのに、小手先の技術として、極論すれば自らの生活の糧《かて》を得るために、知識の半端な切り売りをしているとすれば……。

「人の己《おの》れを知らざるを患《うれ》えず、人を知らざるを患う」（同右）

人はよく、自分が他人から認められない場合、失望したりくよくよと思い患《わずら》う。だが、これは末梢《まっしょう》（はし、すえ、取るに足らない）にすぎない。それよりも、他人の真価を認められない自分を思い、患う人であってほしい。

「患う」は気にとめること、と諸橋轍次《もろはしてつじ》は自著『中国古典名言事典』で注釈していた。

孔子は人を育《はぐく》むことこそが、心底、君子の楽しみだと述べていたが、教育の目的を忘れ、手段としての生活の糧《かて》＝教育で、しかたなく立場上、出来の悪い教え子を叱責《しっせき》しても、おそらく相手には通じまい。むしろ、関係は悪くなるように思われる。

もともと人間と、他の動物の根本的な違いは、二つしかない。人間は「尊敬する気持《きもち》」と「恥を知る心」を持っている。江戸時代の教養である儒学では、「敬」と「恥」。この二つのうち一つをなくしたら、人間失格となった。だからこそ江戸期の学問は、「廉恥《れんち》」（心が清くて恥を知ること）を尊んだ。「廉」とは無私のこと。人間失格を「破廉恥《はれんち》」という。

昨今の教師による「破廉恥」な行為、犯罪をみるにつけ、〝師〟となる人は、敢えてやせ我慢をはり通すことのできる人でなければ、そもそも人を教えてはならないのではないか、と筆者は高杉晋作の師・吉田松陰を思うにつけ、難しいことだが、と思う半面、教師の適性を思い、確信する。

世の中には、間違っても〝師〟となってはいけない人がいるのだ。

幕末といわず、近世日本において最大の規模を誇った私塾に「咸宜園《かんぎえん》」がある。豊後国日田《ひた》（現・大分県日田市）の人・広瀬淡窓《ひろせたんそう》が、文化十四年（一八一七）に創設したものだが、彼は身分・年齢・学問の経歴――この三つを問わない「三奪法《さんだつほう》」を唱え、毎月の厳しい考査（月旦評《げったんひょう》）にもとづく、能力別クラス編成という、それまでにない画期的な教育方法を導入したことで知られている。その彼が、次のように述べていた。

世上之《の》風評に、予《よ》の門下のものは、早く人の師と成ることを好《このむ》と申由《もうすよし》、甚《はなはだ》よろしからざることなり。人の師と成るは、容易のことにあらず、予未熟の学問を以《もっ》て、誤而闆里《あやまりてりょり》（村落）の為に推され、童蒙《どうもう》（道理のわからない幼さ）の師となりしより、今に至《いたる》三十余年。訓点《くんてん》句読《くとう》の務めは、かつかつ其責《そのせき》を塞《ふさぐ》と雖共《いえども》、人材を養育するに至りては、微力の及ぶ所にあらず。門下の人物、父兄に孝悌《こうてい》（親孝行）を欠き、朋友に信義を失《うしな》ふの類《たぐい》、挙而《あげて》数へかたし。其本《もと》を諭《さと》せば、皆教導の宜《よろしき》を失へるなり。其事《そのこと》を思ふごとに必《かなら》ず一身に汗す。〈中略〉

畢竟《ひっきょう》（つまり）教《おしえ》るものも、学ぶものも、唯《ただ》文字のことのみにて、道義《どうぎ》に与《あずか》らざる事故《ことゆえ》、師たる者未熟にても不苦《くるしからず》と思へり。是《これ》は大《おおい》に不然《しからず》。弟子の行状は多く其師に似るものなり。世間工芸《こうげい》之《の》師弟たるものを見るに、亦然《またしか》り。況《いわん》や義理を講するものに於いておや。少々文字を知りたりとて、師とすべき程の器にあらざるものに、教えを託する事、猶《なお》未熟の医に生命《いのち》を託するが如《ごと》し。危なき事なり。（『淡窓全集』中巻）

「道義」を弁《わきま》えることができない人物は、弟子を取ってはいけない、人を教えてはいけない、と淡窓は断じている。「未熟の医に生命を託するが如し」と。

やせ我慢で矜持をつらぬく

――松陰も、同様のことをくり返し自戒していた。

『孟子』の「妄《みだ》りに人の師となるべからず、また妄りに人を師とすべからず、必ず、真に教《おし》ふべき事ありて師となり、真に学ぶべき事ありて師とすべし」との一節を借りて、「人の師となるを好むにあらずして、自ずから人の師となるべし」と戒めている。それゆえ松陰は、塾生を「諸生《しょせい》」「諸友」「同学」と呼んだ。自分たちは師弟ではなく、同志的な関係だ、というのである。

彼の名が世に知られた最初は、ペリー来航のおり、蒸気軍船ポーハタン号に乗り込もうとして、ペリーに拒絶され、この企てが発覚することを考えた松陰は、自ら自首して出た。ところが、彼の心中、大いなる志を知らない地元の人々は、松陰を犯罪者と決めつけ、軽侮し、悪罵を投げかける。

世の人はよしあしごともいはばいへ
賤《しず》が誠《まこと》は神ぞ知るらん

あるいは、下田の獄から江戸へ送られる途上、松陰は高輪《たかなわ》の泉岳寺《せんがくじ》門前において、

かくすればかくなるものと知りながら
已《や》むに已まれぬ大和魂《やまとだましい》

と詠んでいる。

彼のみならず、檻中《かんちゅう》（獄中）にあって襟度《きんど》を保つことは、口でいうほどたやすいものではない。多くの人々は、いつしか人格をくずしてしまう。しかし松陰は、自らを律しつづけた。やせ我慢をはりつづけたといってよい。

しかし人々はその姿にこそ、尊敬の念を抱いたのである。なぜ、それができたのか。松陰には自らの生き方、定石、原理原則がすでに確立されていたからであろう。このとき彼は、二十五歳である。

言い換えれば、理想的人間関係、魂の〝師〟を身近に感じられたからともいえる。

理想の人物に近づこうとするとき、人は知らぬ間に素の自己を滅却させる訓練＝新しい人間となるべく、人格形成を行っているものだ。人格が「真似《まね》び」から「学び」へと高められて行くのである。

そのために必要なのが、「意中人あり」であった。

「六中観」の教え

かつて、日本一の陽明学者・安岡正篤《やすおかまさひろ》先生の著作『日本の父母に』の復刻に関連して、財団法人郷学《きょうがく》研修所（現・公益財団法人郷学研修所）・安岡正篤記念館の理事長（当時）で、先生のご子息（次男）でもある安岡正泰《まさやす》氏と対談させていただいたことがある。

そのおり正泰氏より教えていただいたのだが、「昭和」の終戦直前、安岡先生の主宰されていた金雞会館《きんけいかいかん》で空襲警報の鳴る中、先生が先哲の感銘すべき片言隻句《へんげんせきく》を採って紹介し、簡単な解説を行われたことがあったという。後日、それが『百朝集《ひゃくちょうしゅう》』と題してまとめられ、その中に収録されている「六中観《りくちゅうかん》」の一つに、先述の「意中人あり」があった。

ここでいう「意中の人」は、恋人や思いを寄せる異性のことのみをいうのではない。

幾らでも種類のある、〝意中〟を指した。その一つとして偉人を崇拝憧憬するのも、〝師〟に憧《あこが》れるのも、「意中の人」に入る、とお聞きした。

蛇足ながら、正泰氏に教えていただいた、先生の「六中観」は次のようなものだった。

「忙中閑あり」――忙しい中での「閑《かん》」は重要である。これはいうまでもあるまい。

「苦中楽あり」――苦境の中でホッと一息つく場面。安岡先生は甘味の中の苦み、その中の甘味こそ本物だ、と述べられたという。

「死中活あり」――「身を棄ててこそ浮かぶ瀬もあれ」で、これは武術・武道の世界ではよく耳にする言葉。しかし、実践がなかなかともなわない。

「壺中天《こちゅう》あり」――人間はどのような境地にあっても、自分だけの内面の世界を持っている。意外な趣味や特技、芸術や信仰など。意に満たない俗世の生活からの、精神、魂を自ら守るもの。

「腹中書あり」――わが腹中に、信念を定める書物、指針や心の支えとなる本を持っていること。これは〝師〟と共に、人生を生きていくうえで大切なこと。

加えて松陰は、孔子の孫・子思《しし》が戦国時代の衛公《えいこう》に仕えたおり、ぜひにと推薦した武将が、その性格の難から容れられなかったことを受けて述べた、次の言葉を熟知していた。

「聖人の人を用《もち》うるは、猶《な》ほ匠《しょう》の木を用うるが如し。其《そ》の長ずる所を取って、其の短なる所を棄《す》つ。故《ゆえ》に杞梓連抱《きしれんぽう》にして、数尺《すうせき》の朽《きゅう》有るも、良工《りょうこう》は棄《す》てず」（『十八史略』）

意味はわかりやすい。聖人が人を用いるのは、あたかも木工が材木を扱うのと同じではありませんか。その長所をとって、短所を捨てる。杞《き》（柳）や梓《あずさ》はもともと良材です。その杞梓の良材が、数抱《かか》えもある大きさであればなおのこと。数尺の腐った部分があっても、名工は決してこの木を捨てたりはしないものです。

ましてや出来る人物には、多少の欠点があっても、これを捨ててはなりませぬ――。

人間には誰しも長所があり、短所がある。もし難のない、非の打ち所のない、交際上手で敵を作らず、才あり、学あり、酒にも女性にも心動かされない、まことに整った人物がいたとして、そのような人物に魅力があるのだろうか。筆者は退屈に想う。

「區々守常《くくしゅじょう》の士《し》は以《もっ》て語るに足らず」（可もなく不可もなしという類《たぐい》の者は、一緒に働くに魅力なし）――吉田松陰と同じ時期に、国事に奔走した西郷隆盛が、傾倒した幕末の儒者・春日潜庵《かすがせんあん》もいっている（関連189ページ参照）。

松下幸之助が語った「採用試験の六・三・一の原則」

「令和」のいま、求められている人材は、即断即決ができる新しいタイプの将帥《リーダー》とそれを助ける補佐役、参謀――すなわち、〝非常の才〟である。

平時はなるほど協調性に富み、均衡感覚《バランス》のある人物が組織には必要とされた。

だが、時代のスピードが昨今のように速くなり、世界が狭くなって、「昭和」「平成」で通用しなくなった手法が明らかとなる今日では、これまでの型《タイプ》の逸材は、組織にとってはかえって迷惑な存在となりつつある。人間の記憶力はＡＩ（人工知能）にかなわないだけではない。決断の素早いタイミングに、旧型の人はついていけないからだ。

世界で最も難しいといわれた、中国歴代の科挙《かきょ》の試験、その受験で必須といわれた『文章軌範《ぶんしょうきはん》』（南宋の文人政治家・謝枋得《しゃぼうとく》撰）の中に、次のような一節がある。

「非常の人あり、然《しか》る後《のち》、非常の事あり。非常の事あり、然る後、非常の功《こう》あり」（司馬《しば》相如《そうじょ》「蜀《しょく》の父老《ふろう》を難《なん》ず」）

諸橋轍次は訳していう、「非凡な人があって、はじめて常人の思いも及ばないことがあり、そうした非常のことがあって、はじめて非常の功績も挙がるものだ」と。

ここでいう「非常の功績」を挙げる人物を、筆者は〝非常の才〟とこれまで自著で称してきたが、残念ながらこの種の逸材は、平時にその存在感、価値を知られることはほとんどなかった。明治維新の立役者をみてみるとよい。

彼らの多くは、もし、幕末の動乱に行きあわさなければ、おそらくは名を知られることもなく、その生涯を閉じたに違いない人々ばかりであった。

〝維新の三傑〟といわれた、西郷隆盛・大久保《おおくぼ》利通《としみち》・木戸孝允《きどたかよし》しかり、木戸と同じ長州藩士の高杉晋作、前原一誠《まえばらいっせい》、伊藤博文、山縣有朋《やまがたありとも》、久坂玄瑞、吉田稔麿《よしだとしまろ》、品川弥二郎《しながわやじろう》など

後者はことごとく、吉田松陰の松下村塾に学んだ人々でもあった（木戸孝允、井上馨《いのうえかおる》は長州藩士であったが、松陰の門下生ではない）。

なぜ、薩長両藩に比べて、他藩では〝非常の才〟が活躍できなかったのか。多くの藩にも、藩校や私塾は存立していた。〝非常の才〟は、何処の藩にもいたはずである。

考えられる問題点の一つに、幕末という動乱期に直面しても、多くの藩では平時と変わらぬ人材の育成・登用が行われていたことがあげられる。

平時に異質な人材を、養っていなかったのだ。求めたのは高い教養、学力、記憶力、性格の順応性、協調性であった。反面、創造性、構想力といった、組織からはみ出す才能は、育ててこなかった。余裕もなかったのだろう。

加えて、というか最大の問題点は、そうした〝非常の才〟を見極めることのできる上司が、そもそも組織内にいなかったことをあげるべきかもしれない。

以前、「中興の祖の研究」という新聞連載をしたおり、パナソニックを取材した。

「ナショナル」ブランドの松下電器産業がパナソニックと社名を変え、業績が低迷し、そ

の再建にどのように努力してきたか、を述べたものであったが、その途次、〝経営の神様〟といわれた創業者・松下幸之助の「採用試験の六・三・一の原則」というのを耳にした。

応募者十人がいた場合、「六」人は複数の試験官が全員で合格と思う逸材。これは成績優秀な優等生が多い。次の「三」は、これは使い物にならない、ダメだな、と試験官全員一致の落第組。興味深かったのが、残る「一」であった。

これは試験官の評価がときに真っ二つに、そうでなくとも反対多数、賛成少数で、「ぜひに――」という試験官がある一方で、「この人は将来、わが社に禍根を残しかねない」ときつく反対する試験官が出る人物。乱世に活躍する、〝非常の才〟の可能性が高い。

松下幸之助はこの「一」を、どれほど多く保有することができるかで、企業の未来がわかるものだ、といっていたという。さすが、といわねばならない。

松陰を鍛えた玉木文之進の〝スパルタ教育〟

さて、〝非常の才〟高杉晋作を育成した〝師〟、幕末の長州藩士・吉田松陰である。

外様《とざま》の雄藩＝長州藩（正しくは萩藩、のち山口藩）毛利家三十六万九千石の、わずか二十六石取りの藩士・杉百合之助《すぎゆりのすけ》の次男として、松陰は文政十三年（一八三〇）八月四日に生まれていた。通称は寅次郎、諱《いみな》は矩方《のりかた》、字《あざな》は義卿《ぎけい》、号して松陰である。五歳のおりに、同藩の山鹿流兵学《やまがりゅうへいがく》師範をつとめる吉田家を継いだ、叔父・大助の養子となった。

ところが、叔父＝養父は急逝。翌年、五十七石の家督を継いだ松陰は、いきなり藩の兵学師範の道を歩むことになる。

彼の幼少期を教育したのは、実父であり、叔父の一人・玉木文之進であった。

玉木は天保十三年（一八四二）に松下村塾を開き、松陰もここに通っている。

飛び抜けての〝秀才〟であった松陰は、その学才を広く藩内に知られていた。藩の誉《ほま》れだ、と藩士の多くは誇りにすら思っていた。

なにしろ、十一歳で藩主・毛利敬親《もうりたかちか》に、山鹿素行《やまがそこう》の兵学書『武教全書《ぶきょうぜんしょ》』を講義したほどである。これは後見人に支えられた、兵学師範家の当主お披露目の儀式でもあったろう。

ところが、この少年時代の松陰に、〝師〟玉木文之進がほどこした、とんでもない教育の逸話が、いまに語り継がれていた。

非役のときなど、文之進は畑を耕作しながら、松陰を畦道《あぜみち》に座らせ、農耕の合い間に漢学を教えていた。貧しい下級藩士の家では、よくみかける光景であった。

そうしたある日のこと、書物を朗読中の松陰少年の頬に、一匹のハエがとまった。彼が思わず手で、頬からそれを払ったところを、運悪く文之進に見られてしまう。すると激怒した文之進は、松陰が失神するほどに殴りつけたというのだ。

文之進はいう。聖賢の書を読むという行為は、この場合は「公」であり、頬のハエを払うのは「私」の行為である、と。「公」の前に、「私」を優先することは許されない。

幼少においてこれを徹底させねば、将来、藩の役人になったときに、公私の別を誤りかねない。それを厳しく教え知らしめるために、自分は折檻を加えたのだ、と松陰に語った。

文之進のこの考え方は、些《いささ》か潔癖すぎるきらいはあったが、当時の日本――幕府にも諸藩にも、これに近い意識は存在していた。

その証拠に、明治維新後、「富国強兵」「殖産興業」を急ぐ新興国日本は、国家が管理して資本主義を育成したが、巨大な資本が投下される産業において、近隣諸国に見られるような政府高官による悪辣《あくらつ》な汚職や、寄ってたかっての私利私欲＝喰い荒しは、ほとんど行われなかった。

このあたりの事情を、明治期、日本に滞在していたラフカディオ・ハーン（ジャーナリスト・作家）は、友人のヒューストン・チェンバレン（東大教授）に宛てた手紙の中で、

「古き日本の文明は、西洋文明に物質面で遅れをとったその分だけ、道徳面においては、西洋文明より進んでいた」

と指摘している。

ペリーの戦術を予測していた松陰

ハーンを含め、明治以降に日本を訪れた外国人が、そろって憧憬と賞賛をこめて「日本人」の中に見た伝統・文明とは、つまるところ、徳川時代に確立された「道義」「良心」、節・義・廉・恥の教え——多くは儒学を骨格としたものであり、この思潮は斜交《はすか》いから眺めれば、なるほど「痩《や》せ我慢」ともいえたように思う。

玉木文之進はとりわけ、「痩せ我慢」のうえに、感情過多な人物であった。

明治になってから隠退した彼は、松下村塾を再興し、教育に専念した。日露戦争で活躍する乃木希典《のぎまれすけ》などを教えたのだが、明治九年（一八七六）の前原一誠による萩の乱に、子弟数人が一味したことに責任を感じ、切腹して果てている。享年は六十七であった。

松陰はそういう〝師〟に、幼少期を鍛えられたのである。

その一方で彼は、常に〝教える〟とはどういうことかを摸索してもいた。松陰は山鹿流兵学師範である。ほかの秀才たちと松陰が異なったのは、彼は机上の空論を弄《もてあそ》ぶことに満足せず、広い世間に出て、学問の根本を識《し》ろうとした、その行動力にあったといえる。

松陰は自家伝の山鹿流のほか、長沼流兵学も学んで免許を得るなど、他流派や西洋兵法にも目をくばっていた。

ペリー来航の三年前――嘉永三年（一八五〇）の八月初秋（旧暦）に、二十一歳の松陰は、疼《うず》くような好奇心を抱えて、長崎への遊学を試みた。彼は途中、下関で病に伏しながらも平戸（現・長崎県平戸市）を訪れ、京や江戸まで名の聞こえていた葉山佐内《はやまさない》（高行《たかゆき》・鎧軒《がいけん》）を訪ね、本を借り、熱心に読み、筆写した。

佐内は平戸藩六万三千石松浦《まつら》家の重臣であり、先代藩主・松浦曜《てらす》の養育係をつとめ、仕置《しおき》家老（執政）にも任じた人物。その彼から借りた本の中に、アヘン戦争を解明した清国の軍事史家・魏源《ぎげん》が著した書物『聖武記《せいぶき》』（清国の軍政記録）が含まれていた。この貴重な書物を当の清国の人々は、まったく顧みることなく、海を超えた日本の知識者だけが、一生懸命に読んで学んだ。

「百幾撤私《ベキサンス》」、「台場電覧」、「炮台慨言」などという単語が並び、松陰のメモには、

「仏郎西《フランス》の砲将百幾撤私がボンベカノン・柘榴《せきりゅう》（ざくろ）カノンを用う」とも記述があった。

彼はこのペキサンスに注目し、

「盆鼈葛農《ボンベカノン》と蒸気船は、海兵の法を革正《かくせい》する（改め正す）にも、もっとも重要――」

などと述べ、松陰の端倪《たんげい》すべからざるところは、己れの日記の中で、

「葛農、蒸気船はいづれかたの風にも、また風なきも、みな意に従ひて港内に出入し得るなり。暗礁および浜汀《ひんてい》（波打ち際）砲場をも免避《めんひ》（回避）して、その害を蒙《こうむ》らず。水浅けれども渡行すべく、帆ばしらを建てず、帆を揚げず、近きに至らざれば認め難し。ゆゑに盆鼈葛農を備え、敵に一驚を食はしむべし」

と述べているくだりにあった。つまり彼は、ペリーが〝黒船〟で実際に試みた戦術を、その三年前に思い描いていたことになる。

『イソップ寓話』で欧米列強が理解できた頭脳

ついでながらこの松陰は、『イソップ寓話《ぐうわ》』をも読んでおり、欧米列強のアジア進攻の魂胆がどこにあるのか、をも適確に摑んでいた。

松陰が己れの穏健さをかなぐり捨てて、それこそ、生命懸《いのち》けの国事に奔走しはじめるのは、安政年間（一八五四〜六〇）に入ってからであったが、同時期に松陰は、十九世紀後半に香港で刊行された、『遐邇貫珍《かじかんちん》』という漢文の雑誌を、幾部か入手していた。

彼の筆になる『跋伊沙菩喩言《ばついそぼゆげん》』には、次のようなくだりがある（原文は漢文、読み下す）。

「世の歐学《おうがく》（蘭学、あるいは洋学）を修める者は僉曰《みないわ》く、西洋の人は仁なり、未《いま》だ嘗《かつ》て禍《か》心《しん》（禍《わざわい》を加えようという心）有らざるなりという。若《も》し此書を観せしめば、豈茫然《あにぼうぜん》自失たらざらん乎《か》。吾、嘗《かつ》て其の〝馬鹿同遊〟一則を『遐邇貫珍』中に獲《え》、長崎近聞の後に書す」

わかりやすく述べると、松陰は偶然に入手した中国雑誌に、漢文訳されていた『イソップ寓話』の一部、〝馬鹿同遊〟が載っているのを読んで、はじめてヨーロッパの人々の本性を知り、「茫然自失」したというのだ。この〝馬鹿同遊〟は「馬と鹿の話」、あるいは「シカに復讐しようとしたウマ」などの表現で、よく知られている物語である。

さてそのころ、あるウマはすばしっこいシカと争ったが、
いくら走ってもつかまえることができないので、
人間に援助をもとめ、知恵を借りたいと懇願した。

人間はウマにくつわをつけ、背中に跳び乗って、シカが捕らえられ、いのちを落とすまではひとときの休息もあたえなかった。

それがすむと、ウマは恩人の人間に感謝していった。

「わたしはあなたに敬意を表します。では、おいとまを。わたしは荒野の棲処《すみか》に帰っていきます」

「そんなことはしないで」と人間はいった。

「わしのところにいたほうがよいだろう。おまえがどんなに役にたつか、わしにはようくわかった。だから、わしのところにとどまれ、うまいものを食わしてやるぞ。敷わらも厚くしてな」（ラ・フォンテーヌ著　今野一雄訳『寓話』）

松陰にはおそらく、これを一読して、日本人が馬に思えたに違いない。鹿はロシア、すり寄ってくる人間はイギリス、アメリカ、フランスなどと映ったことだろう。

彼は別章で述べる、大塩平八郎の『洗心洞箚記《せんしんどうさつき》』も読んでいた（関連184ページ参照）。兵学者である松陰の意識は、対外的な海防論へ転回し、そのタイミングで求め、「邂逅」したのが、松代藩士の佐久間象山《しょうざん》（「ぞうざん」とも）であった。この人物については、次章で詳しく見る。

変わる松陰の〝師〟象山への印象

「歐学」を己れもきわめねばならない、と松陰は考え、象山の門戸を叩《たた》いたが、「歐学」をやるには、その前提としての語学が必須であった。語学には時間と根気がいる。焦燥にかられる松陰には、それだけの心のゆとりがなかったようだ。

加えて当初、松陰の象山に対する印象は、かならずしも尊敬をともなうものではなかったようだ。

「頗《すこぶ》る豪傑卓異《ごうけつたくい》の人」（玉木文之進宛の嘉永四年十月二十三日の書簡）

と表現している。

ところが、その師への評価が大きく変わったのは、その年の末に江戸から東北へと歩いた、兵学修行の旅であった。

この旅には肥後熊本藩の藩士・宮部鼎蔵《みやべていぞう》（のち新撰組に池田屋で斬られる）も同行したが、江戸で知り合った南部藩士・江幡《えばた》五郎（のち文部省御用掛・那珂通高《なかみちたか》）の仇討ちを見届ける目的もあった。そのため、江戸の出発の日を赤穂浪士の討ち入りが成功した十二月十五日と約束したのだが、長州藩の江戸藩邸からの過書《かしょ》（許可書）の発行が間に合わない。江戸時代、諸藩の士は殿様（主君）の許可なくして、他所《よそ》へ赴くことは出来なかった。が、松陰はこの禁より、長州藩士は約束を守らない、といわれることの方が長州藩全体の恥辱と考え、あえて出発し、そのため藩邸亡命（脱藩）の罪に問われてしまう。

君親《くんしん》に負《そむ》くを省《かえり》みざるには非《あら》ず、丈夫《じょうふ》の一諾《いちだく》もすべからざればなり。夫《そ》れ大丈夫は誠に一諾を惜しむ。区々《くく》の身は惜しむに足らず。待つに国体《こくたい》を辱《はずかし》むるの罪を以《もっ》てするも辞《じ》すべからざるのみ。（「兄杉梅太郎宛書簡」嘉永六年十二月十二日・『吉田松陰全集』第七巻）

あげく、松陰は士籍を抹消されて世禄を奪われてしまうことになる。二十三歳のときであった。しかし、彼の才能を惜しんだ藩庁は、自費による十カ年の兵学修行、諸国遊歴を認めた。「可愛い子には旅をさせよ」（かわいい子には、その将来のために旅をさせて、さまざまな苦しみやつらさを体験させた方がいい）である。

こうしてみてくると、松陰には尽きせぬ探求心はあったが、出世への欲はそもそもなかったようだ。これは幕末の多くの〝師〟にいえることだが、彼らは己れの出世・栄達のために、〝弟子〟を育成したりはしていなかった。心から己れの極めた道が、楽しくてしかたがなかったのである。それを後進にも勧めた、そんな印象が目立つ。

嘉永六年（一八五三）六月、ペリーが〝黒船〟を率いて来航した。戦うにせよ、和するにしても、まずは世界の情勢を知らねばならない。

松陰の〝師〟象山への評価が、大きく変わってくる。「天下の士」とみるようになり、「佐久間象山は當今《とうこん》の豪傑、都下一人に御座候。朱に交われば赤の説、未《いま》だ其の何に因《よ》るを知らざれども、慷慨《こうがい》（世間の悪しき風潮や社会の不正などを、怒り嘆く）気節《きせつ》（節操が堅いこと）、学問あり、識見あり」（「兄杉梅太郎宛書簡」嘉永六年九月十五日・同右）

象山自身が海外への渡航を願い出たが果たせず、留学生を派遣することも建白したが聞き届けられなかった。松陰はならば、と自ら国禁を犯して欧米列強への渡航を決意し、長崎にロシアのプチャーチンが来たことを知り、停泊中のロシア軍艦での密航を企てる。

行動する松陰、「松下村塾」を主宰す

これはあきらかに、〝師〟象山の示唆に従ってのものであった。が、間に合わず失敗。

それでもへこたれずに松陰は、翌嘉永七年正月、ペリー再来日のおり、アメリカ軍艦に「メリケンにつれていってほしい」と直談判を行ったが、日米和親条約の締結交渉もあり、いま幕府の感情を損ねては、とペリーは考え、松陰とその弟子・金子重之輔（長州藩足軽の子）の二人の乗船を拒否した。

ついに松陰の目的は、達成できなかった。その後のことは、前述している（関連47ページ参照）。

〝師〟の象山も連座するように、幕府の取調べを受けた。彼は役人を逆に論破するが、処分は下されて国許《くにもと》での蟄居《ちっきょ》となった。

このために弟子の一人・坂本龍馬は、わずか半年ほどしか〝師〟象山の教えを受けることができなくなってしまう（関連76ページ参照）。

一方で、どうにか自らの矜持《きょうじ》を保ち得た、この破天荒な人・松陰を、長州藩は懸命に幕府や外部から守ろうとしている。

もし、藩にその意思がなければ、のちに長州藩を救い、近代日本を切り拓く〝非常の才〟を輩出する、松陰の教育は行われることはなかったろう。

秀才を大切にする風土が、長州藩にはあったようだ。松陰もこの藩だからこそ、後世に名が残った、といえそうだ。萩の野山獄《のやまごく》（現・山口県萩市今古萩町《いまふるはぎ》）へ移された彼は、獄中教育を試みる。その根本には、松陰が口ぐせのように言いつづけた、

「至誠《しせい》にして動かざる者は、未《いま》だ之《これ》あらざるなり」（『孟子』離婁《りろう》）

があった。誠心誠意を尽して、人を感動させられない、などということはない。至誠は鬼神をも動かす。まして人間ならば、なおさら――。

この獄中における教育が、病気療養のため出獄を許されてのちの、実家の杉家に戻ってからの親戚や近所の人々を相手としての学習となり、かつての「明倫館」時代の門弟も集うようになって、叔父・玉木文之進の松下村塾を受けつぐことにつながってゆく。

後世、天下に名を轟かせる松下村塾だが、塾生は三十名を超えることはなく、毎日定まった人数の塾生が通学してくることもなかった。塾生は多くは武士であったが、松陰は先にみた広瀬淡窓同様、身分を問うことなく、十二歳から四十歳までの人々を教えた。

午前と午後、そして夜間の三部制であり、塾生は各々の都合で出席。定まったカリキュラムはなく、講釈（講義）というよりは「師弟同行」――塾生一人一人の個性や学力に応じて、松陰がテキストを選び、塾生が読みたいと希望する書物を講じることもあった。

夜間の部では、興に高じた松陰の講釈が深夜に及ぶこともあったという。

月謝は取らず、入門時に束脩《そくしゅう》（謝礼物）を贈る程度で、寄宿生は自らの食い扶持を持参し、弟子は農作物をときおり持参したようだ。松陰は畑仕事や塾舎の改築にも、弟子と一緒に汗を流し、これを「相労役《そうろうやく》」と称して、大切な教育の一つと位置づけていた。

——松陰の、教育者としての特徴は書簡による個人教育であった。

忠告や励ましをつづるのだが、彼はどの書簡にも、その弟子の長所を必ず発見しては褒めることを忘れていない。情熱をかたむけて、本人の気付かない美点を捜し、的確に指摘した。いいかえれば松陰は、その人の進む方向性を見いだし、示唆を与えていたといえる。

松陰の遺書『留魂録』

想像してみるとよい。塾生にすれば、松陰は国事犯とはいえ、黒船に乗り込もうとした英雄であり、その〝師〟から褒められるということは、まるで『三国志』や『水滸伝《すいこでん》』に登場する英雄豪傑に、自らもなったような錯覚をおぼえ、知らず識らずに感情が昂揚し、それが自らの生き方のプラスに、大きく作用したはずだ。

そして数年後、正確には安政五年（一八五八）十二月に、松陰は再び野山獄へ幽囚され、翌六年六月には〝安政の大獄〟に連座して、江戸に送られる。彼は三十歳で刑死した。

彼の人生は傍目《はため》には、あまりにも慌ただしく、儚《はかな》く、短いものに思われるのだが、当の本人は決して、己れの生涯を悔いてはいなかった。

松陰の遺書ともいうべき『留魂録《りゅうこんろく》』の中で、彼は次のように語っている。

「自分は三十歳。何一つ成すことなく死んでいくのは、よい収穫が全くなくて身が終るようで、まことに残念なことのように見えるが、実はそうではない。人間の四時《しいじ》（四季）というのは、自然の四時と違って、十歳で死ぬ者には十歳の四時があり、二十歳で死ぬ者には二十歳の四時がある。今、三十歳でこの世を終わる自分には、それなりの四時が備わり、それなりの秀実（成果）があったのだ」

それがりっぱな実りであったか、未熟であったかは、わが知るところではない。ただ、わが微衷《びちゅう》（まごころ）をあわれむ人があれば、その人においてわが種子がうけつがれ、りっぱに収穫されるのを期待するばかりである」（著者、意訳する）

——ここにも、〝非常の才〟の育て方のヒントが、語られていたように思われる。

松陰はいう。私は不甲斐なくも人生の戦いに敗れた。問責はつつしんで、甘受する。私は敗れた。しかし一度敗れたぐらいで、挫けるようでは勇士とはいえない。わが屍《しかばね》を越えて、先へ進んでくれ。自分も魂は留《とど》めおいて、君たちを見守っている。あとは頼む。

彼の遺志は、その弟子たちによって見事に受け継がれた。

師の弔《とむら》い合戦《がっせん》――これこそが松下村塾と松陰の友人による、長州藩での、まさに討幕の一大事業となった。

生前、失意の底にあった幽閉時代の松陰は、それでもなお己れの志を捨てず、後日を期すべく、その場その場における最善を尽くした。弟子たちはそれをみている。

たとえば、前述の高杉晋作――松陰は、時代とかかわりのない学問は意味がない、ということを語りかけた。そして高杉の短所に目を向けることなく、長所にだけ目を向け、「君には政治・軍事の才がある」と持ち上げ、学問が上達する工夫として、自らと同じ秀才の系譜に属する久坂玄瑞（禁門の変で戦死）と、あえて競わせ、学問のレベルがあがると、並び称して評価を与えた。

ただ、時代に応じた学問は、必然的に幕末の混乱、欧米列強の日本進出という難問を、避《さ》けては通れなくなっていた。ほどなく高杉は、師の処刑＝安政の大獄に遭遇する。

"師"の志を受け継いだ"弟子"たち

「承《うけたまわ》り候《そうろう》ところ、わが師松陰の首、ついに幕吏《ばくり》の手にかけ候《そうろう》の由《よし》、防長《ぼうちょう》（周防《すおう》と長州）の恥辱《ちじょく》口外仕《つかまつ》り候も汗顔《かんがん》の至りにござ候。じつに私どもも師弟の交わりを結び候ほどのこと故《ゆえ》、仇を報《むく》い候わでは安心仕らず候」（周布政之助宛の安政六年〈一八五九〉十月二十六日付書簡）

攘夷行動派の人となった高杉は、文久二年（一八六二）に訪れた上海《シャンハイ》で、欧米列強の植民地化した現地の実情を、目《ま》の当たりにして愕然《がくぜん》とする。上海の英仏の租界《そかい》は、中国の土地でありながら、欧米人が主人のように振舞っており、その姿に高杉は慄然《りつぜん》となった。

日本を欧米列強から守るには、富国強兵策を取る以外に道のないことを、肝に銘《めい》じた彼は、方向を転換。長州一国の割拠を主張する。しかし、高杉は一介の書生にすぎない。

そこで彼は自身が率先して仲間を募り、攘夷を実行し、一藩ことごとくを狂奔《きょうほん》させようとする。結果、藩をあげての攘夷を決行し、長州沖合いを航行する米・仏・蘭の商船を砲撃したことから、これにイギリスを加えた四カ国を迎え討つ、下関戦争を勃発させた。

その過程で、藩の正規軍がまったく役に立たないことが露見《ろけん》する。

高杉は庶民でも、商人でも、国(この場合は長州藩)を守って戦う勇気のある者を集めた「奇兵隊《きへいたい》」を創設。欧米列強の凄まじい軍事力を体験、完敗すると、高杉は四ヵ国との講和交渉に、藩を代表して自ら臨む。このおり通訳をつとめたのも、松下村塾の後輩・伊藤春輔《しゅんすけ》(前名・俊輔《しゅんすけ》。のちの博文)であった。高杉は〝非常の才〟を遺憾なく発揮し、賠償は幕府へ振り、イギリスによる彦島《ひこしま》の租借《そしゃく》をも勇弁をもって、これを阻止することに成功している。

だが、藩の実権は保守派に握られ、高杉は生命《いのち》からがら、四国への亡命を余儀なくされる。もし、このまま彼が遠くから、形勢を観望しつづけていたならば、明治維新はその分だけ遅れていたに相違ない。元治元年(一八六四)十二月十五日、高杉は無謀にも帰藩するや、自ら武装決起に踏み切った。

「動けば雷電の如く、発すれば風雨の如し」

と、高杉の舎弟分となっていた伊藤が、のちに顕彰碑の碑文に書いている。原典は『孫子』の「動くことは雷の震《ふる》うが如し」であろう。

ここから高杉の、短い生涯を総括した行動が始まる。下関奉行所の襲撃から、三田尻《みたじり》海軍局を奇襲。彼は萩に迫り藩の正規軍を破って、藩庁を占拠することに成功する。

高杉のあとにつづいた松陰門下生

高杉のおかしさ——〝非常の才〟らしいところというべきか——は、このあと自らは萩にとどまることなく、自分の手で作ったに等しい藩庁に願い出て、ヨーロッパ渡航の許可を得ている点である。政治・外交に己れは不向きであることを、彼は自覚していた。高杉もまた〝師〟と同じく、栄利栄達を願う人ではなかったようだ。

藩から千両の渡航費を受け取って、長崎に出ている。

もっとも、この洋行はついに実現せず、藩内から追っ手がかかると、彼は馬関《ばかん》（現・山口県下関市の別称）から四国へと脱出する。藩から預かっていた洋行費用の千両を、逃避行の資金に使い、さらにはそれまでに馴染みとなっていた、おうのという芸妓を落籍《らくせき》（身請《みう》け）して、同行させてもいた。

しかし、第二次長州征伐が起きるや、高杉は颯爽《さっそう》と藩へ戻り、海軍総督に復帰。夜襲をしかけて、勝てるはずがない、と誰しもが恐れをなしていた幕府艦隊を、奇跡的にボロ船

「丙寅丸《へいいんまる》」（前名・オテントサマ丸）で破り、長州藩を勝利に導いている。

ただ、その無理とこれまでの放蕩がたたっていた。その後、彼は結核を悪化させてしまい、慶応三年（一八六七）四月十四日、同志に看取られながら、死の床につく。

〝おもしろきこともなき世をおもしろく〟

と、辞世の句をここまで書き、これに勤王の歌人・野村望東尼《のむらもとに》が、

〝住みなすものは心なりけり〟

とつづけると、「おもしろいのォ」そう呟いて、息をひきとったという。

大政奉還の半年前、二十九歳の波乱に富んだ短い生涯であった。

彼は〝回天〟の実際には携わることはなかったが、歴史の転換期を確実に進ませたという点において、幕末維新史が持ちえた、〝非常の才〟の一人であったことに間違いはない。

高杉と同様に、松陰が教えたわずか約二年四カ月ほど（教えはじめたのは安政三年、主催したのは安政四年から）の松下村塾に入門した者には、次のような人物がいた。松陰が塾を主催したおりの年齢と共に、列記してみる。

伊藤博文（当時十七歳）……百姓から足軽の伊藤家へ、のち初代内閣総理大臣。

山縣有朋（当時二十歳）……中間《ちゅうげん》（武家奉公人）出身、のち元帥陸軍大将・内閣総理大臣。

前原一誠（当時二十四歳）…四十七石取りの藩士出身、のち萩の乱を起して斬首。
久坂玄瑞（当時十八歳）……藩医の家に生まれ、のち禁門の変で自刃。
吉田稔麿（当時十七歳）……中間出身、のち池田屋事件で討死《うちじに》。
品川弥二郎（当時十五歳）…足軽出身、のち内務大臣。
野村靖（当時十四歳）……足軽出身、のち内務大臣。

2 フランスの〃革命の申し子〃に憧れた幕末の英傑

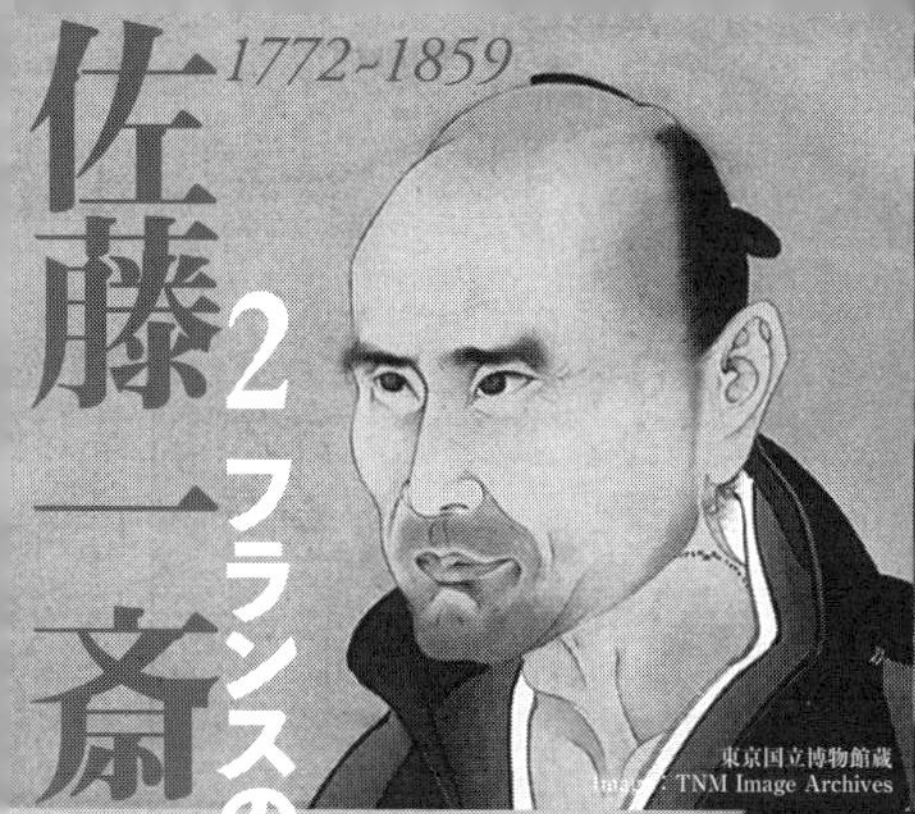

佐藤一斎
1772～1859

東京国立博物館蔵
Image: TNM Image Archives

ナポレオン一世
1769～1821

佐久間象山
1811～64

（国立国会図書館「近代日本人の肖像」より）

吉田松陰
1830～59

（国立国会図書館「近代日本人の肖像」より）

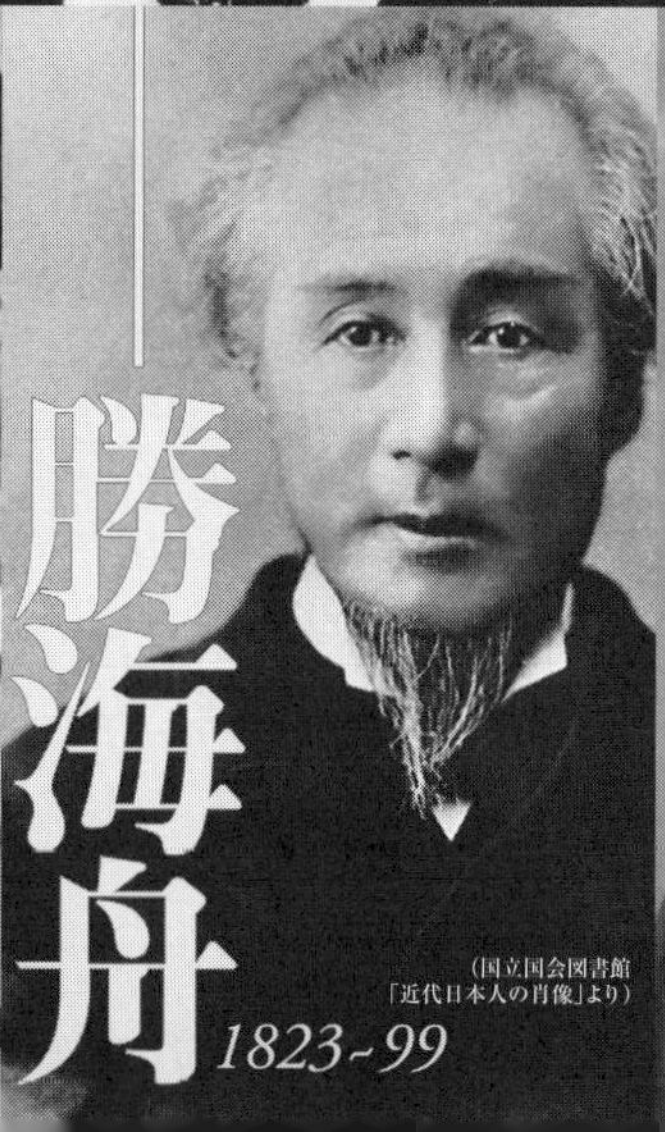

勝海舟
1823～99

（国立国会図書館「近代日本人の肖像」より）

坂本龍馬
1835～67

（国立国会図書館「近代日本人の肖像」より）

勝海舟と坂本龍馬、吉田松陰の師は佐久間象山である

幕末の風雲児・坂本龍馬の師といえば、人々は口を揃えて勝海舟の名前をあげる。そのこと自体、筆者にも異論はない。が、この海舟に勝るとも劣らぬ影響を龍馬に与えた、海舟以前の師＝佐久間象山を知らない人が多いのは、おそらく著名な小説の影響であろう。なるほど小説は痛快である。しかし、史実ではない。実際に学んだものが違えば、同じ人格をもつ人物には到《いた》らない。つまりは、学べないということだ。

――象山は海舟と龍馬の、共通の師でもあった。

象山の塾に龍馬が入門したのは、門人帳（「及門録《きゅうもんろく》」）によって明らかであった。「嘉永六年十二月一日」――この年（一八五三）、前後して十五人の土佐藩士（郷士も含む）が、象山のもとへ入門している。

もっとも、翌嘉永七年（十一月に安政と改元）の正月、象山は前章で述べた門人・吉田松陰の密航計画に荷担したことから、幕府に国許《くにもと》の信州松代《まつしろ》（現・長野県長野市）での蟄居《ちっきょ》生活を余儀なくされたため、龍馬が象山に学んだ期間は、きわめて短いものであった

ろう。

だが龍馬は、学習期間の短かった、この象山の塾における人脈のおかげで、やがて海舟をはじめ、多くの人物との、出会いを得ることになった。

土佐へ帰郷してのちも、龍馬は西洋流砲術の修行をつづけている。師の徳弘孝蔵《とくひろこうぞう》は下曾根金三郎の門人であった。この下曾根は、象山の師・江川太郎左衛門の弟弟子でもある。徳弘の門人帳には、「安政六己未歳九月二十日　坂本龍馬　直陰《なおかげ》（花押）」とあった（直陰は、龍馬が直柔《なおなり》と名乗る前の諱《いみな》）。

一方の海舟と象山が知り合ったのは、龍馬入門の約三年前のことである。

文化八年（一八一一）二月二十八日生まれの象山は、信州松代藩の下士に生まれながら、その学才のみで栄達し、天保十三年（一八四二）に藩主・真田幸貫《さなだゆきつら》が、幕府の老中として海防掛《かいぼうがかり》をつとめることになり、乞われてその顧問となった。

「西洋流砲術教授」の看板を掲げたのは、嘉永三年（一八五〇）七月、江戸に出て深川の藩邸でのことである。

おそらく、その博学・見識において、あるいは手にする海外情報の質量においても――主君が老中の海防掛であったから――象山は時代に隔絶していた。

だからこそ海舟は、この人物に近づいたともいえる。

ただ、象山の厄介さは、学者にしてはありがちな（?）、その尊大さにあった。

「世の中で、己れより偉い者はいない」

との自負心を強烈にもつ彼は、性格が狷介《けんかい》で、およそ人と慇懃《いんぎん》に接することが生涯できなかった。

性格に問題のあった象山

佐久間は顔つきからして、すでに一種奇妙なのに、平生緞子《どんす》の羽織に古代模様の袴をはいて、いかにもおれは天下の師だというように厳然《げんぜん》と構えていて、元来、勝気の強い男だった。よせばいいのに、漢学者が来ると洋学をもっておどしつけ、洋学者が来ると漢学をもってやっつけてしまう。書生だからといって、手かげんしたりしない。直《じか》に叱りとばすというふうで、どうにも始末にいけなかった。

後年、海舟は回想している（勝海舟述、勝部眞長編『氷川清話《ひかわせいわ》』）。

——象山は通称を啓之助《けいのすけ》、のちに修理《しゅり》と称した。国忠《くにただ》、啓《ひらき》などの諱《いみな》をもつ。

父・一学《いちがく》は藩侯の側右筆《そばゆうひつ》兼表右筆《おもてゆうひつ》の組頭をつとめた給人《きゅうにん》（士分）であったが、五両五人扶持の極めて微禄の下士であった。しかし一方で一学は、卜伝流《ぼくでんりゅう》剣術の達人として知られており、道場をもって自ら門人を教授していた。

この道場には、藩主・真田幸貫もおしのびで立ち寄ることがあり、そんなおり象山は、

「実に天晴れの太刀筋である」

と藩主から声をかけられたりしている。

象山の父は和漢の学にも造詣が深く、「神渓《しんけい》先生」と尊称されていたという。

この父の教導もあったろう、象山の秀才ぶりは文武両道——幼少期から藩内に知れわたり、二十一歳のときには藩主幸貫の世子、幸良《ゆきよし》の近習《きんじゅう》に抜擢されている。幸貫はいう。

「予の家中にあって、ずばぬけた駿足は啓之助（象山）であり、将来、どんな者になるか楽しみだ。しかし、ちと駻《かん》が強すぎて、頗《すこぶ》る難物である。恐らく予の外には、よくこれを馭《ぎょ》し得る者はあるまい」

同じことを、薩摩藩主・島津斉彬《なりあきら》が、家臣である西郷隆盛のことを語った挿話もあった（関連201ページ参照）。

江戸での遊学中、「貴公は一体、誰の弟子だ」と聞かれると、決まって象山は胸をはり、「吾輩は藩主・真田幸貫公を師としておる」と答えたという。

象山が心から、主君幸貫を敬慕していたことは嘘ではなかった。

だが、藩主幸貫への象山の態度は、いわば例外中の例外というもの。

学問の師や先輩も、とにかく象山の性格を危惧し、不羈《ふき》（束縛を嫌う）を改めるように、と再三忠告したが、耳を貸すような男ではなかった。

彼の初期の師として、その将来を大いに嘱望《しょくぼう》していた藩儒の窪田馬陵《くぼたばりょう》と鎌原桐山《かんばらとうざん》（もと家老）は、この学問の出来すぎる弟子の将来を危惧しつづけていた。

「頭のいい者はとかく己れの頭脳をほこり、いつしか勉強を怠るものだが、啓之助（象山）は全く例外で、驚くばかりの精進ぶりで、末頼母《たのも》しく思っている」

と稀有の奇才、天下の大器を認めつつも、二人は溜息をつくように思う。

「――驕泰《きょうたい》の気性（驕《おご》りたかぶる）が強く、人の意見を用いたり、人に譲るということを知らない。この悪癖を改めぬようでは、殊《こと》によると畳の上では死ねぬかもしれぬ」

師たちの予想は不幸にして的中し、象山は元治元年（一八六四）七月十一日、京都の三条木屋町で尊攘派志士の手によって暗殺されてしまう。ときに、五十四歳であった。

三十三歳で死去した龍馬よりは、年齢的には長生きできたとはいえ、二人はともに暗殺されるという共通の最期を遂げていたが、この師弟にはもう一つ、非常に似た共通点があった。

意外に、思われる向きがあるかもしれない。ナポレオン・ボナパルト（Napoléon Bonaparte）への崇拝、これが尋常なものではなかったことである。二人は、ナポレオン一世に心から魅了されていた。

吉田松陰も憧れていたナポレオン一世

ついでながら、坂本龍馬は姉の乙女《おとめ》を大切にしたが、師の象山も「けい」という名の勝気な姉に、閉口しつつもよく面倒をみた。このけいの長男、象山には甥にあたる人物に、北山安世《きたやまやすよ》がいたが、彼も非常な秀才であった。否《いな》、象山に似て天才と呼ぶにふさわしいほどの人物で、長崎へ遊学しての帰途、安政六年（一八五九）の春に長州の萩へ吉田松陰を訪ねている。

このおり松陰は獄中にあったが、自らの師である象山の甥・安世と会見し、

「神州日本が沈没するのは憂いの至りだ」

とくり返し述べたという。

なぜ沈没するのか、と安世が問うと、幕府に人材がなく、欧米列強に譲歩をくり返している。この時点ですでに、ペリー来航から六、七年たっているというのに、幕府は海外に出て外国を見ようともしない。松陰にいわせれば、徳川幕府があるかぎり欧米列強はますます図《ず》にのり、天皇もただ外国人を嫌うばかりで海外に進んで威を示す気概はない。

諸侯も将軍家の鼻息をうかがうのみ。このような状況では、征夷大将軍＝幕府が〝外《がい》夷《い》〟に降参すれば、日本はすべてそれにしたがって降参するより手立てがないではないか。

萩の野山獄《のやまごく》にあった松陰は、安世に自説を述べ、同じように自らの門人・知人にも語ったあげく、「僕は忠義をするつもり、諸友（君たち）は功業《こうぎょう》（手柄）をなすつもり」（安政六年正月十一日付書簡）と周囲を見限り、〝義絶〟していく。

この孤独と焦燥《しょうそう》の中で、松陰が安世にも語り、かつて象山からも学び、導き出した自らの結論こそが、ナポレオンを地の底から起こして「自由」を唱えるというものであった。

一般には「草莽崛起《そうもうくっき》の人」を頼む、と語られた松陰の革命論の背景《バックボーン》は、実はナポレオン一世であったのだ。

独立不羈《ふき》三千年来の大日本、一朝人《いっちょうひと》の羈縛《きばく》を受くること、血性《けっせい》ある者視《ものみ》るに忍ぶべけんや。那波列翁《ナポレオン》を起してフレーヘードを唱《とな》ねば、腹悶医《ふくもんいや》し難《がた》し。僕固《もと》より其《その》成すべからざるは知れども、昨年来、微力相応に粉骨砕身すれど一《ひとつ》も裨益《ひえき》なし。徒《いたずら》に岸獄《がんごく》（牢獄）に坐《ざ》するを得るのみ。此余の所置妄言《もうげん》スレバ則ち族《ぞく》セラレン矣（「矣」は感嘆をあらわす助字で発音せず）なれども、今の幕府も諸侯も最早酔人《もはやすいじん》なれば扶持《ふち》の術なし。草莽《そうもう》崛起《くつき》の人を望む外頼《たのみ》なし。（北山安世宛の安政六年〈一八五九〉四月七日の書簡）

文中の「フレーヘード」とは「自由」のこと、あるいは自由主義といいかえてもよい。が、当時の日本にはその単語と意味が存在しなかった（わずかに禅の世界にはあったが、今日の語意と同じではなかった）。

松陰は小関三英《おぜきさんえい》の『那波列翁伝初編《ナポレオンでんしょへん》』を読んでいたといわれるが、その師・象山はより鮮明なナポレオン賛歌を残していた（関連94ページ参照）。松陰はその師と、同様の感慨を持っていたことがうかがえる。

この敬慕の想いが、やがて坂本龍馬や西郷隆盛などにも伝えられ、ナポレオンへの思慕となっていくのだが、ここではナポレオン本人とその〝教え〟の経過を辿《たど》ってみたい。

フランス版下剋上で成り上がるナポレオン

ナポレオンがフランス皇帝となったのは、日本の文化元年（一八〇四）のことである。ときの将軍は十一代・徳川家斉《いえなり》であり、この年、ロシア使節レザノフが長崎へ、わが国の漂流民を護送してきて、あわせて貿易を求めた。幕末がいよいよ幕を開きはじめた頃、ちなみに伊能忠敬《いのうただたか》が、幕命で日本地図の測量を開始するのが次の年のこととなる。

そもそもナポレオンは、西暦一七六九年八月十五日、フランスの南海岸から百数十キロの海上にある、コルシカ島に生まれていた。

他人から侮辱されると、理屈を抜きに〝銃〟を取り、または〝短刀〟をきらめかせて、相手を葬り、逃亡する――そういった者が尊敬される物騒なこの島は、ジェノバからの独立戦争を苛烈に戦ったものの、不幸にしてフランスに売り渡されてしまう。

ナポレオンの生涯を決する劣等感は、この敗北に父が荷担していたことから始まった。

もっとも彼は、その父のお陰でフランス本国の兵学校に学べたのだが、背が低く無口で孤独な少年は、周囲の者とは打ち解けることなく、フランス語も「敵国語だ」といって覚えようともしない。兵学校から士官学校へ、そして卒業時のナポレオンの成績は五十八名中四十二番。十六歳で少尉に任官したが、軍務もあまり熱心ではなかった。

ただ、読書だけは頗《すこぶ》る好んだようで、乱読気味ではあったが、かなり幅広い知識をこの時期に身に付けている。とはいえ、フランスが泰平のままであったとすれば、間違ってもナポレオンの名は、歴史に刻まれることはなかったろう。

彼もやはり、〝非常の才〟であったといえる。

一七八九年、ナポレオンが二十歳の年である。フランス革命が勃発した（日本では寛政元年にあたり、この前年、老中・田沼意次《たぬまおきつぐ》が没している）。

ナポレオンは独断で、反対派の要塞を攻略すべく進軍したが、失敗。そのため彼の家はコルシカを追われ、マルセーユに亡命し、貧窮のどん底生活に落ちてしまう。

その後、ようやく軍に復帰したナポレオンは、自費出版のパンフレットを作成、革命政権に自己をPRし、その一方で、革命を喜ばぬイギリス・スペインの艦隊に占拠されていたトゥーロンを陣頭指揮して攻撃し、今度は成功をおさめ、軍功を大いに輝かせた。

二十五歳で、いきなり陸軍少将となっている。革命期ならではの抜擢だが、ナポレオンの場合は、あとがつづかない。イタリア遠征軍砲兵司令官に任命されるなど、早々と栄達したかに見えたものの、中央の政争の余波をかぶって、将官名簿から除名され、インフレのパリの街頭に投げ出されてしまった。

祖国コルシカを捨ててフランスに転向し、そのうえでフランス軍を追われたナポレオンは、悲嘆に眩《く》れながらもこうした屈辱を、劣等意識を、心の支えに復帰運動を展開する。

そこへ革命政権の分裂、離合集散を繰り返す事態が発生。フランス軍最高の軍司令官となったパラスから、副官にとの救いの手が差し伸べられた。パラスは後世、悪徳腐敗の政治家といわれたが、政治的才能に優れた半面、軍才をもたず、そのためナポレオンは実質上の軍の指揮権を掌握することができた。

的確な判断力に間髪を入れぬ即断力、加えてフランス人に対してよくいえば客観的、そうでなければ冷酷なナポレオンは、パリの真ん中に大砲四十門を集中。自身が陣頭に立って、容赦なく反乱軍二万五千に、友軍六千二百の劣勢を理由として、砲火を浴びせた。

史実のナポレオンの後半生

ナポレオンは一躍、脚光を浴び、この時期、六歳年長の美貌の人ボーアルネ子爵未亡人と交際を始めている。名をジョゼフィーヌといった。二人は一七九六年三月に結婚している。その一カ月後、フランスはオーストリアとの戦いを決意する。

三方面から敵地へ迫る中、イタリア方面軍を率いたのがナポレオンであった。彼の恐るべきところは、傍系作戦のイタリアを主戦場にしてしまった点にもあったろう。

アルプスの南側を越え、兵力を各々に集中して敵を寸断、〝ナポレオン戦術〟として後世に名高い、〝各個撃破〟〝中央突破〟の戦術原理が、この戦火の中に確立した。

一七九七年十二月、パリに凱旋したナポレオンは、翌年五月、エジプト遠征の途についた。フランスの宿敵イギリスを、上陸して攻め滅ぼせぬと判断した彼は、エジプトを征服し、イギリスのインド支配に挑む基地にしようとしたのだ。

「兵士よ、このピラミッドの上から、四千年の歴史が諸君を見下ろしている」

名言をはき、快進撃をつづけるナポレオンに対して、これを輸送してきたフランス海軍のほうは、ネルソン率いるイギリス艦隊と交戦、全滅してしまった。

エジプトで孤軍になったに等しいナポレオンは、それでもフランスが第二次対仏同盟に包囲されたと知るや、僅かな人数でパリへとって返す。フランスには英雄待望論が、ナポレオンを待っていた。一七九九年十一月九日、クーデターが決行され、ナポレオンは元老院によって三執政の一人となり、軍事権を完全に掌握。彼は和平外交を展開しつつ、拒絶されたのを口実に、オーストリアに奪われたイタリアを奪回すべく戦端を開く。

「わが権力はわが名誉に由来し、その名誉は余の数々の戦勝に由来している。つまり、その権力はその基盤として、さらに新しい名誉と戦勝を付け加えなければ、やがては失墜するということだ。征服が現在の余をつくり、征服のみが余の力を維持する」

ナポレオンは吹雪のアルプス越えを敢行し、オーストリア軍の分散状態を見極め、ミラノへ入城。両軍はマレンゴで激突したが、オーストリア軍はフランスの別働隊の登場によって崩れ、休戦協定締結へと追い込まれる。

一八〇二年、ナポレオンはイギリスとの間に、アミアン条約を締結。イタリア、ライン川左岸、ベルギーのフランス領有をイギリスに承諾させた。この年、ナポレオンは人民投票によって、賛成三百五十万票、反対八千票で終身執政となった。

まさに、ナポレオンとフランス栄光の日々の到来である。

一日に十八時間を執務室で過ごしながら、ナポレオンは毎日の入浴と、三時間の睡眠で、生命力を回復する生活を規則正しくつづけた。今、まさに政治・外交・軍事のトップに立った彼は、フランスの国政を一人で、それこそ戦争同様に指揮しようとする。

その結晶の一つが法の前の平等、国家の世俗性、信仰の自由、労働の自由を謳った、世にいう「ナポレオン法典」の編纂であった。一八〇四年十二月、彼は皇帝となる。

固有の八十八県が百一県に増え、多くの征服地は直接、フランスの中央行政下におかれた。やがて百三十県となり、オランダ王国、ライン連邦、スイス、イタリア王国は従属国となって、東側のオーストリア、プロイセン、西側のスペインは、フランスの同盟国となった。一八一二年、勢いに乗るナポレオンは、ついにロシア遠征を企てた。

しかし、これが冬将軍とチフスのために失敗。大陸軍国フランスは崩壊し、ナポレオンは退位を余儀なくされる。エルバ島に渡り、一度は返り咲いたものの、〝百日天下〟に終わってセント・ヘレナ島へ。一八二一年、失意の中で彼は死去する。五十二歳であった。

この年は文政四年にあたる。日本では翌文政五年に、〝改革の神さま〟米沢藩の九代藩主・上杉治憲《はるのり》（号して鷹山《ようざん》）が七十二歳で没していた。

象山へナポレオンを伝えたのは誰?!

江戸期の日本は一応、〝鎖国〟の状態にあったとはいえ、蝦夷地《えぞち》（現・北海道）のアイヌ貿易、対馬の宗氏による李氏朝鮮との交易、薩摩藩にまかされた琉球、なにより世界へ開けた窓＝長崎を持っていた。ここへは清国の商船が入港し、オランダの商船もやって来る。

とりわけオランダ商館がもたらす情報＝風説書《ふうせつがき》だけが、幕府にとっては国際情勢を知る唯一の手段であったといえる。

「通詞《つうじ》」（通訳）が翻訳し、長崎奉行を経由して幕府の御用部屋＝老中・若年寄《わかどしより》の執務室へ提出された。この『和蘭《オランダ》風説書』では、中国大陸のこと、ロシアの動静については、比較的詳細が述べられていたが、先のナポレオン一世については、只管《ひたすら》その存在を隠しつづけていた。

無理もない。オランダはナポレオンのフランスと敵対し、ついにはその国土をナポレオンの版図に組み込まれてしまっていた。

加えて、フランスをカトリックの国と認識していた幕府に知られれば、オランダもその勢力下に入ったと理解され、キリシタン禁教の立場からも、国交断絶は火を見るよりも明らかであった。そのためナポレオンに関するいかなる情報も、オランダは日本の〝鎖国〟を幸いに隠しつづけた。

例外的にふれられたのは、ナポレオンの弟ルイがオランダ国王になった（一八〇六年）

との情報であり、これも養子に入った、との偽《いつわ》りをつづっていた。

今一つは、ナポレオンの退位（一八一〇年）によりウィルヘルム一世がオランダ国王となったというもので、これもルイが死亡したことを受け、以前の国王家筋のオラニエが国王になったのだ、と説明。生存していたルイを殺して、辻褄をあわせようとした。

では、誰がいつ、どのような形でナポレオンの存在を日本に知らしめたのか。

文化八年（一八一一）六月、ロシア海軍の軍艦ディアナ号が南千島一帯を測量して、国《くな》後島《しりとう》へ到着したおり、上陸したゴロウニン少佐（艦長）が捕えられ、高田屋嘉兵衛《かへえ》の努力で無事、釈放されるまでの間、ゴロウニンの残した『日本俘虜実記《にほんふりょじっき》』にナポレオンのロシア遠征、スモレンスク会戦でのロシアの勝利が、わずかながら語られていた。

この本は西暦一八一六年にロシア語で刊行され、日本へはオランダ語版が入ってきて、文政八年にその訳が完成した。書名を『遭厄日本紀事《そうやくにほんきじ》』（『日本幽囚記《にほんゆうしゅうき》』とも。校閲は幕府天文方《てんもんかた》の高橋景保《かげやす》）。

しかし、ナポレオンの情報は質量ともに少なく、佐久間象山や吉田松陰が夢中になるほどのものではなかった。儒学者で、歴史家でもある頼山陽《らいさんよう》が、どうもナポレオンを本格的に、日本に紹介した最初の人のように思われる。彼が長崎に遊んだのが、文政元年

（一八一八）――このとき山陽は、ナポレオンのモスクワ遠征に参加した、従軍医師＝出島オランダ人医師から、ナポレオンのことを聞き、「仏郎王歌《フランスおうのうた》」を詠んだという。

仏郎王歌　　　山陽頼襄《のぼる》子成《しせい》（頼山陽の諱と字《あざな》）

仏郎《フランス》の王《おう》　王は何処《いずこ》にか起《おこ》る　大西洋《だいせいよう》
太白《たいはく》（金星）　精《せい》を鍾《あつ》めて　眼《め》に碧光《へきこう》あり　天《てん》　韜略《とうりゃく》を付《ふ》して　其《そ》の腸《ちょう》を鋳《い》る
欧邏《ヨーロッパ》を蚕食《さんしょく》して　東《ひがし》に疆《きょう》を拓《ひら》き　誓《ちか》いて崑崙《コンロン》を以《もっ》て中央《ちゅうおう》と為《な》さんとす（以下省略）

この山陽は象山ともかかわりをもつ、梁川星巌《やながわせいがん》や4章の大塩平八郎と交流をもち、その著作『日本外史』『日本政記』は幕末の志士たちに、多大な影響をあたえたと伝えられている（関連182ページ参照）。ナポレオンを幕末日本に広めた最大の功労者＝山陽は、天保三年（一八三二）九月に、五十三歳で没している。

象山、ナポレオンを詠う

今一人、蘭学者の小関三英が山陽の詩についで、ナポレオンの伝記『那波列翁《ナポレオン》伝初編』を執筆、刊行していた。三英は出羽国庄内藩（現・山形県鶴岡市）足軽組の組外の子に生まれ、江戸に出て漢学、蘭学を修め、和泉国（現・大阪府）の岸和田藩医となり、天保六年からは幕府天文方蕃書和解御用《ばんしょわげごよう》（翻訳機関・「蕃書調所」の前身）の勤務を命ぜられている。

三英のナポレオン伝は、リンデン（オランダの出版業者）のナポレオン評伝を翻訳したものといわれており、幕末期最大のナポレオン伝記といってよかった。が、「初編」とあるように、途中の、一八〇二年のアミアンの条約（アミアンの和約）で記述が終わっていた。

幕府の要路者でないものが、勝手に海外の情報を集めたり、評論してはならない、とする幕府の処置＝「蛮社の獄」が勃発。三英の盟友、渡辺崋山《かざん》を捕え、その後、自刃に追い込んだ。三英は崋山逮捕を知るや、自ら頚動脈《けいどうみゃく》を切って生命《いのち》を絶った。そのためつづきが書けなかったのだが、彼の残した『那波列翁伝初編』は幕末日本の行く末を憂うる人々に読みつがれ、佐久間象山、吉田松陰、坂本龍馬のナポレオン思慕へとつながっていく。

ナポレオンに関しては別に、先の『遭厄日本紀事』で活躍した高橋景保が、ナポレオン死去の五年後＝文政九年（一八二六）の四月に、ナポレオン戦争に参加したオランダ商館長ヨアン・ウィルレム・ド・スチュルレムにインタビューした『丙戌異聞《へいじゅついぶん》』、あるいは高橋の部下であった阿蘭陀《オランダ》通詞《つうじ》・吉雄《よしお》忠次郎と蘭学者・青地林宗《あおちりんそう》が記述した『別埒阿利安《べれありあん》戦記』（ワーテルローの戦い）なども、やがて世に知られるようになる。

――象山は漢詩「題那波列翁像《ナポレオンぞうにだいす》」で、次のように詠っている。

何《いず》れの国　何れの代《よ》に　英雄無《な》からん　平生《へいぜい》　欽慕《きんぼ》す　波利翁《ナポレオン》
邇来《じらい》　門を杜《とざ》して　遺伝を読み　怱々《そうそう》として年歳《ねんさい》の窮まるを知らず
剣を撫《ぶ》し　天を仰ぎて　空しく慨憤《がいふん》す〈中略〉
嗟《ああ》　君は原《も》と是《こ》れ一《いち》書生　苦学して遂《つい》に能《よ》く明聡《めいそう》を長《ちょう》ず
一朝　照破《しょうは》す　当時の蔽《へい》　蔽を革《あらた》め害を除きて民情従《したが》う
旌旗《せいき》の向《む》かう所　靡草《びそう》の如く　威信普《あまね》く加う　欧羅《おうら》の中
元主《げんしゅ》〈ジンギス汗《カン》〉の西征も道《い》うに足《た》らず
豊公《ほうこう》〈豊臣秀吉〉の北伐も何ぞ同じきを得ん
人生意《い》を得れば　多く意を失う　大雪　手を翻《ひるがえ》す　朔北《さくほく》の風
帝王の事業　未だ終《お》えずと雖《いえど》も　収めて我が将《しょう》と為《な》さば応《まさ》に庸《もち》うる有《あ》るべし

世人《せじん》の心竅《しんきょう》　豆よりも小さく　齷齪《あくさく》　寧《なん》ぞ知らん　英雄の胸
自ら奮《ふる》えば　能く遠大の計を成し　自ら屈すれば　廓清《かくせい》の功を樹《た》て難し
安《いず》くにか君を九原《きゅうげん》の下より起《た》たしむるを得て
謀《はか》りごとを同じくし力を戮《あわ》せて　奸兇《かんきょう》を駆《か》らん
終《つい》に五洲《ごしゅう》を巻きて皇朝《こうちょう》に帰《き》せしめば　永く五洲の宗為《そうた》らん

（坂田新著『江戸漢詩選』第四巻）

師ナポレオンを自らに擬し、琴をつま弾く象山

それにしても、凄まじく激越な詩である。

「何処の国、いつの時代にも英雄はいないわけではない」

象山はそう切り出し、自分がナポレオンを平生から欽慕していたことを告白する。不羈《ふき》の人・象山が、その伝記を読んで感動したというのだ。信じられない。刀をなでながら、天を仰いで空しく悲憤慷慨している――このあたり、弟子の松陰、龍馬もその心象はかわらない。いかに日本の現状があやういか、それでいて象山は心からうれしげに、

「ああ、ナポレオンよ。あなたももとをたどればそれがしと同じ一書生でしたな」

という。苦学して聡明となり、一夜にして敵を破って、ついにはヨーロッパを席巻した。民衆の憂いを取りのぞき、それによって民は彼につきしたがった。ナポレオンの旗がむかうところ、風に草がなびくようなものだ。その威望はジンギス汗も豊臣秀吉も、ナポレオンには敵《かな》わない、と象山は激賞している。つづいてナポレオンの失意をなぐさめ、

「この英雄をなんとかして黄泉の国から呼び起こし、謀《はかりごと》を同じくして力をあわせて奸賊《かんぞく》（欧米列強）を追い払い、ついには五大洲を席巻して日本に帰《き》せしめ、日本をして永く五大洲の宗主たらしめる」

という、象山の世界制覇の夢につながっていく。

彼のナポレオンへの期待は、実はナポレオンに擬《ぎ》した己れへの抱負でもあった。象山は己れの手で、幕末日本の混乱を収拾《しゅうしゅう》し、国内を平定したならば海外に雄飛し、すべての大陸を手に入れて、日本が全世界に号令しようと夢想していたのである。

坂本龍馬然り。彼はナポレオンの偶像＝草莽から出て皇帝となった、との伝説で止まった吉田松陰とは異なり、ナポレオンに代表される西洋流砲術を学び、具体的なナポレオン兵法へと近づいていく。

象山と龍馬の学び方には共通点があった。

必要とする師をはめ込むように、己れの知りたいことを埋めて行く。加えて、龍馬は音楽を愛したが、同様に師の象山も音律《おんりつ》を好んだ。妙《たえ》なる調《しら》べを聞くのみならず、自らも琴を弄《もてあそ》んでいる。

松代藩の藩儒・竹内錫命《たけうちしゃくめい》がこれを知り、男子の癖に女子の真似《まね》をするのは怪《け》しからぬ、と戒めたところ、象山は鼻先で笑って、次のようにいったという。

「諸葛孔明《しょかつこうめい》や陶淵明《とうえんめい》も琴を弾《ひ》いたではないか。英雄の心中、自《おのずか》ら閑日月《かんじつげつ》あり。このくらいの余裕がなくては大人物にはなれぬわ」

象山は天保五年（一八三四）の出府のおり、神田お玉ヶ池に「玉池吟社《ぎょくちぎんしゃ》」を起こした梁川星巌《やながわせいがん》のもとを訪ね、交際を結ぶと、その妻・紅蘭《こうらん》とともに旗本・仁木三岳《にきさんがく》の門に入って、さらに琴の腕を磨いたという。象山は琴を弄んでいても、学問は究《きわ》めつづけた。

そして、彼は師の鎌原桐山《かんばらとうざん》の斡旋で、当時、日本一と称された〝大儒〟佐藤一斎の門に学んでいる。

佐藤一斎は象山を好きにさせた

経学・文章あまた修めた学者の中にあって、〝当代随一〟といわれた一斎――徳川三百年のなかで、一番教学の栄えた時期の中心人物――は、幕府の大学ともいうべき昌平黌《しょうへいこう》をまかされ、その門には、天下の英傑が競うようにして集った。

その中にあって象山は、〝日本のケインズ〟とも呼ばれる山田方谷《ほうこく》と共に〝佐門《さもん》の二傑《にけつ》〟と呼ばれるにいたっている。さすが、といってよい。

〝師〟の一斎は、明和九年（一七七二）十月に、美濃（現・岐阜県）の岩村藩家老・佐藤信由《のぶより》（号して文永《ぶんえい》）の次男末子《ばっし》として生まれていた。通称を幾久蔵《きくぞう》、のち捨蔵《すてぞう》と改めている。名は担《たいら》で字《あざな》は大道《たいどう》、号して一斎である。

その父・信由が烏帽子親《えぼしおや》となったのが、一斎より四歳年長の松平乗衡《のりひら》――のちの衡《たいら》（前藩主・松平乗蘊《のりもり》の三男）であった。

衡と一斎は儒学を専ら学び、一斎が二十二歳のおりに林大学頭信敬《だいがくのかみのぶたか》（号して錦峯《きんぽう》）に入門する。ところがその年に信敬が没し、嗣子がなかったことから、幕命により衡が林家八代の大学頭となる。これが林述斎《じゅっさい》である。

一斎はその門人となって、三十四歳で林家の塾長となるも、自ら独立することなく、終生形影相随《あいしたが》うように、林家の門人という立場に終始した。

ところが述斎が没し、その後を見ることを幕府から乞われ、一斎は七十歳にして幕府の儒臣となり、昌平黌をあずかり、主宰し、自らも官舎に移って、将軍家をはじめ諸大名にまねかれては講義を行った。

天下の大学者であるがゆえに、堅苦しく口やかましい学者を想像する人が多いが、一斎は包容力に富んだ、スケールの大きな錬達《れんたつ》の士であり、大教育者といってよかった。

なにしろ、あの象山を門人として抱えている。

一斎の学者としての特徴は、〝陽朱陰王《ようしゅいんおう》〟と評された言葉がわかりやすい。

朱子学を奉ずる林家の塾に籍を置きながら、彼は陽明学へ傾倒。（関連177ページ参照）二つの学問を対立するものとは捉えず、その折衷のなかにこそ、孔孟の精神は存在すると主張した。

そのため象山などは、この師を公然と非難し、徹頭徹尾、己れは陽明学を認めぬ、と自己主張をするありさま。

「竹刀《しない》の上では君臣の別などない。従って、藩主であっても勝《かち》を譲るべきではない。同様に、道理のうえに師弟の別はない。学説が違っている以上、たとえ師であっても服すことなどできない」（佐久間象山著『題一斎先生遺墨《いっさいせんせいいぼくにだいす》』より意訳）

とくに、陽明学は国家に害を与えると主張した象山は、一斎の経書講筵《こうえん》には一切出席しなかった。その一方で、文章については深い敬意を師にはらい、懸命にそれを学んでいる。

一斎はこの難しい弟子を包容し、象山の好きにさせていた。

一斎の教えを胸に蘭学に挑む

一般に、一斎の『言志録《げんしろく》』と総称される代表作があるが、これは年代順に実は四部に分かれたもの（「言志四録」）。

最初の『言志録』につづき、『言志後録《こうろく》』『言志晩録《ばんろく》』『言志耋録《てつろく》』――これらの作品は、「明治」「大正」「昭和」と教養人が、こぞって読みあさったものであった。

その『言志後録』（六十代の文章）に、「道もとより活物、学亦《また》活物」という一節がある。

われわれが生きていくうえで、実践しなければならない道は、それに正しくよらなければば目的地に到達できないのであるから、生きたものでなければならない。同じように学問も、どれだけ活かすことができるかであると一斎は述べていた。

「一物の是非を見て而《しこう》して大体の是非を問はず、一時の利害に拘《かか》わりて而して久遠《くおん》の利害を察せず、政《まつりごと》を為《な》す此の如くんば国危し」

ものをみるのに、三つの原則があると一斎はいう。

一つはできるだけ目先にとらわれないで、長い目でみることが大切である、と。二つ目は一面的にとらえないで、多面的にとらえ、できれば全面的にみるようにする。さらに三つ目は、枝葉末節にこだわらないで根本をみすえる。

この三つがしっかりとできていないと、何をみてもやっても、真に成功することはできない、というのだ。

象山の生涯を思い浮かべると、彼はあきらかに一斎の教えを実践していたように思われる。

天保十年（一八三九）、二十九歳のおりに象山は、梁川星巌のすすめでその「玉池吟社《ぎょくちぎんしゃ》」の隣＝神田お玉ヶ池に、漢学の私塾「五柳精舎《ごりゅうしょうじゃ》」を開いた。

すると、どうであろう。その翌年には星巌と並んで三十歳の象山が、「江戸名家一覧表」

に名を連ねるにいたる。このままいけば彼は、漢学の大家として名を残したであろう。

ところが、象山を全面的に庇護してくれてきた松代藩主・真田幸貫が、天保十二年六月に老中となり、翌十三年の夏に「海防掛」となったため、象山は主君の命を受けて「顧問」となり、海防についての研究を一からはじめることになる。

普通、すでに漢学の大家として名を成した者は、改めて異なる分野に手を出そうとはしないものだ。もし、失敗すれば、負わなくてもよい不面目を被り、これまでの輝かしい経歴に傷がつく。しかし、そこは良くも悪くも自負心の固《かた》まりのような象山である。

「天才の己れに、できないものなどこの世にはない」

と、箕作阮甫《みつくりげんぽ》、鈴木春山《すずきしゅんざん》ら当代に名の知られた蘭学者の意見を聞き、有名な〝海防八策〟を天保十三年にあっさりとまとめあげてしまう。

題して、「感応公《かんのう》（幸貫）に上りて当今の要務《ようむ》を陳《ちん》ず」――。

この五項目に、「洋製に倣《なら》い、船艦を造り、専ら水軍の駈引《かけひき》を習わせ申度候事《もうしたきそうろうこと》」（西洋流の軍艦をつくり、海戦戦術の訓練をすること）をあげている。

江川太郎左衛門入門第一号

筆者には、象山が勝海舟に海軍を語り、その目を開かせるシーンが、のちに坂本龍馬を相手に、海舟が演じる場面と重なって思い描けるのだが、読者諸氏はいかがであろうか。

おれが海舟という号をつけたのは、佐久間象山の書いた『海舟書屋』という額がよくできていたから、それで思いついたものだ。しかし、海舟とは、もと、だれの号だか知らないのだ。(『氷川清話』)

象山はいち早く海軍の必要性を語ったものの、本人は西洋兵学がいかなるものかを知らない。その基礎となる蘭学も、門外漢であった。

主君幸貫のため、必然的に西洋兵学の修得を迫られた象山は、迷うことなく伊豆韮山《にらやま》(現・静岡県伊豆の国市)の代官で、当時すでに西洋流砲術の大家として名を知られていた江川太郎左衛門(英龍《ひでたつ》。号して坦庵《たんあん》)のもとに入門した。

西洋流砲術を実地に学ぶべく、象山が主命で太郎左衛門の許へ入門したのは、天保十三年（一八四二）九月七日のことであった。この時、象山は三十一歳、師の太郎左衛門は四十二歳であった。それ以前、真田幸貫は藩邸に太郎左衛門を招き、江川門下の柏木総蔵ら門弟十名の高島流砲術の調練を、実地に見学したこともあったという。

西洋流砲術の開祖というべきは、長崎の町年寄をつとめていた高島秋帆《しゅうはん》であった。江川太郎左衛門は幕命により、その道統をつぐ一番弟子となったのだが、師の秋帆は幕府内の中傷により、ペリー来航まで投獄されていた（のちに講武所砲術師範役。慶応二年〈一八六六〉六十九歳で死去）。

象山は八月五日に一度、太郎左衛門のもとを訪れたようだが、この時、太郎左衛門はその申し出に明確な返事をしていない。翌日も象山は江川屋敷に出向いた。が、今度は太郎左衛門は留守。この時、強引に束脩金《そくしゅうきん》（入門金）百疋《ひき》を象山は置いていったという。

この傲岸不遜《ごうがんふそん》な象山が、江川邸にはじめて姿を現わした時、一つの挿話《エピソード》を残していた。

太郎左衛門も、象山の名前はかねてから聞いていたので、取り次ぎの家来に、

「客はどんな人物か」

と尋ねた。すると取り次ぎは、

「容貌魁偉《ようぼうかいい》で、風采は甚《はなは》だ勿体《もったい》ぶった人物に身受けられます」

と答えた。

「よろしい。では、表座敷に待たせておきなさい」

やがて太郎左衛門が出て来て、襟を正して象山の前に座った。

しかし象山は、自分から頭を下げようとも、挨拶をしようともしない。

太郎左衛門もまた、一言も発しない。黙って向い合っていたが、ほどなく太郎左衛門は奥に入ってしまい、以来、出て来ない。象山は待つこと数時間、何度か手を叩いたが、誰も答える者がない。老僕が庭のあたりで咳をしているのを聞きつけ、象山はこの老僕に、

「江川先生はお会いくださいませぬか」

と問うと、

「はい、主人が先刻申しますには、信州の野猿は礼節をわきまえず、早く帰れと言え、と申されておりました」

これを聞いた象山は、カッと怒り、さて、帰ろうかと思ったが、このまま帰っては、藩主の命令に背くことになる。やむをえず、生涯に珍しい我慢をしようと心にきめて、

「いや、拙者、甚《はなは》だ先生にご無礼をいたしました。どうか、拙者のあやまちをお許しく

ださいますよう、お取り次ぎ願いたい」

と老僕に頭を下げた。それを聞いた太郎左衛門は、

「よし、ならば客に申せ。主人は今回、一間相隔《ひとまあいへだ》てて面会するでありましょう、と」

ややあって、老僕が二間《けん》の唐紙《からかみ》を引きあけると、太郎左衛門は座布団の上に端座し、象山は遠くにこれを拝して来意を告げ、ここに師弟の約を結ぶこととなった。

太郎左衛門の象山教育

さすがに太郎左衛門は、象山の振舞いを一見して、この人物が傑物であることを理解すると同時に、その難癖も見抜いたようだ。象山は豪傑をもって自ら任じ、頑強不屈であるが、謙譲の徳を欠き、人を容れる度量も薄い。そうした欠点を矯《た》め直そうとして、太郎左衛門は象山を最初から鍛え直そうとした。

良き師というのは、初対面の弟子をあらゆる角度から観察し、計量するもののようだ。

筆者の恩師・勝部眞長の著書に『統率の原理と心術』があり、その中に「江川坦庵の教育」という項があった。以下、それに拠る。

ある日、江川は象山を乗馬に誘った。翌朝七ツ時（午前四時）、という約束であったが、象山はやや寝坊して、朝食をとる暇もなく、ねむたい目をこすりながら玄関に出て行くと、江川は既《すで》に支度して、馬をひかせて悠々と待っている。

「これはこれはよくまいられた。いざまいろう。程なく夜も明けるであろう。弁当はここにある」

と、一包みを象山に渡し、もう一つは自分の腰に結びつけ、江川は先《さ》きに馬を走らせた。秋晴れの伊豆の山々は、さながら絵に描いたごとく、二人は山から谷へ、谷から山へと乗り廻り、十二時頃とある民家に寄って、馬を休め、まぐさを与えた。

この時象山は空腹に堪えかね、弁当の包みを出してあけてみると、大きな握り飯が三つあった。その一つを、茶も飲まずにいきなり食べてしまった。二つめも半分まで片付けた。しかし、江川は泰然として腹の空いた様子もなく、四方の景色を眺めている。やがて馬の支度もできて、「いざまいろう」と、再び馬の手綱を取って乗り継ぎ、江川はあの山、この山の名前や、そのいわれをさも興深く説明して聞かせるが、象山の方は尻が痛いのと、咽喉のかわくのとで、さっぱり面白くない。ただ負けてはならぬという根性だけで江川の後について行った。

やがて丘の麓に清水の湧く所を見つけ、江川は馬を止めて、「このあたりで休もう」と、まず馬に水を飲ませて休ませると、象山もこれを見て自分の馬に同じことをしてやる。そして草の上に両人相対して弁当を食いはじめた。象山は残りの一個半を清水と共に一気に平らげてしまった。江川の方は一個をゆっくり食べて残りは腰に結びつけ、再び馬の腹帯を締め直して、悠然とうちまたがって乗り出した。やがて夕日が西の山に傾く頃、ある村落に辿り着くと、江川は、

「佐久間氏《うじ》、ここで一休みして弁当にしよう」

と言って、馬から下り、民家の縁側を借りて腰をおろした。江川が握り飯を出して食べているのに、象山はもはや食うものがない。

「佐久間氏、弁当はどうされたか」

象山は正直に、空腹の余りみな先刻すましたことを告げると、江川は急に容《かたち》を改め、

「佐久間氏、武士の用意は平常にある。弁当のことは些細であるけれど、万一、今から急変があって、他へ出張せねばならぬとすれば、御身は空腹にて、ものの用にはたたぬこととなろう。以後はよく心得おかれよ」

象山はこのことから大いに悟るところあり、江川の何事にも用意周到なのに感じて、以後は江川の言うことに従順になったという。

教育は、単なる技術の伝授ではない。人間的なもの、人格的なもので弟子を引きつけるものがなければ、師と呼ばれるに価しないのである。

「殿さまの首切りたづま」と「象山の畜生たづま」

象山が太郎左衛門の膽力《たんりょく》に感服し、心から畏敬の念をいだいた、という挿話《エピソード》は他にもあった。猪に関するもので、江梨山《えなしざん》の古宇《こう》郷（現・静岡県沼津市）に、

「殿さま（太郎左衛門）の首切りたづま」

という所と、

「象山の畜生たづま」

と称する所があったという。

猪はもともと、往来する道が各々、決まっていて、この猪の道を押えて、その要所要所に張番をすれば、犬をかけて追わせると、ひょいと猪が出てくるというのだ。

この逃げ出してくる猪を、射止める張番の立つべき要所を「たづま」といった。太郎左衛門は実戦を想定した狩りを、家臣や塾生たちとしょっちゅうしており、「たづま」の岩陰に立つや一刀両断、神道無念流免許の腕前で、猪を仕留めた。

その場所を「殿さまのたづま」と呼んだのだが、そのことを象山に話すと、ならば私も、と彼は「たづま」に立って、犬の吠えるのを待った。

声が近づいてくる。猪のうなる声も聞こえた。

象山は「よし」と、大刀の鞘を払って待ち構えていると、そこへ荒れ狂った手負いの猪が疾風のように走り来た。刀を振りかぶった象山も、剣の腕は一流。

だが、鋭い牙を長々とむき出し、殺気をみなぎらせて殺到して来た猪を見て、彼は一瞬ひるみ、躊躇《ちゅうちょ》し、反射的に一歩、飛び退いてしまった。

その瞬間、猪は一目散に林の中へと逃げ込んでしまった。狩人たちはこの象山の失敗を、「象山の畜生たづま」と呼ぶようになったという。彼の横柄な態度が、門人たちの間で嫌われていたようだ。

しかし、一方の象山にすれば、主君の命により、西洋流砲術を太郎左衛門に学ぶこととなったのに、多忙な〝師〟は、なかなか大砲の製造や海防の秘策を講義してくれない。

象山はあせっていた。それでなくとも、自負心の強い男である。

「お一、二、三……、こんなこと、いつまでもやってはおれぬ」

半年もすると、銃を担いでの操練（行進）に我慢ができなくなり、「やめた」と見切りをつけて退塾してしまった。ところが、そこは象山である。彼はほぼ独力で、西洋流砲術の取得に立ちむかったのである。


西洋学は手広なものですから、精出してつとめねば進歩しません。それに私（象山）は晩学なので、格別苦学しなければ達成できません。昼夜となく勉強いたし、夜分も冬夏にかかわらず、九ツ八ツ（午前十二時から二時）になってしまいます。

（八田嘉右衛門宛の書簡より）


まったく蘭語を知らず、読めなかったにもかかわらず、蘭学者・坪井信道《しんどう》の弟子、黒川《くろかわ》良安《りょうあん》との交換教授――象山が黒川に漢学を教え、黒川が象山に蘭学を仕込む――で、アー・ベー・セーのイロハから入って、八カ月ほどで原書を読みこなせるまでになったという。

無論、太郎左衛門の許での基礎があったればこその成果ではあったが……。

いきなり野戦砲を製造した象山

筆者は、象山の極めて短い期間での蘭学修得成功の秘訣を、彼の漢学の素養にあった、と考えてきた。このことは少し、「はじめに」でもふれている。どういうことか。

漢学の教養がなくとも――のちの坂本龍馬のように――オランダ語を読んで、その単語を諳《そら》んじることは決してむずかしいことではない。

困難を極めたのは、それを日本語に〝反訳《はんやく》〟するにあたっての創語であった。西洋には存在していても、日本にはいまだにない思想や技術が沢山《たくさん》あったが、漢学の素養がなければ、見たことのないものを自分自身はもとより、周囲に理解させることはできない。

明治維新をはさんで、それまで日本にはなかった西洋文明が雪崩《なだれ》のごとく入ってきたが、「弁論」「経済」「民権」といった新造語は、この頃、試行錯誤の末に生まれ、明治日本で定着したものばかりであった。

象山は漢和辞典に匹敵する語彙《ごい》を諳んじており、自ら単語を自在に創ることができた。

加農砲《カノンほう》（cannon）を「地砲」、榴弾砲《りゅうだんほう》（howitzer）を「人砲」、迫撃砲・臼砲《きゅうほう》（mortar）

を「天砲」と命名している。彼の弟子となる海舟や龍馬にとっては、実にありがたかったに違いない。加えて象山は、学習の手順＝基本→応用→実践を無視した。

なんと象山は、いまだ片言しかオランダ語が読めないのに、ショメールの百科全書を引いて硝子《ガラス》の製造を試み、弘化四、五年（一八四七、一八四八＝嘉永元年）にはベウセルの砲術書を読んで、いきなり三斤野戦砲《ポンド》一門、十二拇野戦砲《ボイム》二門、十三拇天砲三門を試作し、そのうえ実演試射までやってのけたのである。

この破天荒な、良くいえば度胸のよさは、何事にも慎重を期す師の太郎左衛門にはない、弟子の象山ならではのものであったろうが、もとより多くの失敗も記録されている。

砲身が破裂し、ときに多数の怪我人が出たこともあった。それらにともなう非難中傷も、象山の尊大な面構えと性格に乗って、ほれみたことか、と殺到した。

しゅり（修理《しゅり》＝象山）もせで（知りもせず）書物をあてに押強《おしつよ》く　うてばひしげるこうまんのはな大砲を打ちそこなってべそをかき　あとのしまつをなんとしょうざん（象山）

だが、そもそもこのようなことで、めげるような男ではない。

「なァに、古語にも〝三度肱《ひじ》を屈して名医になる〟というではないか。失敗はそれ、成功の基《もと》。諸大名も日本《ひのもと》のため、拙者に金をかけたがよろしい。天下広しといえども、拙者の外には、これだけのことをやれる者はいまい。度々、失敗するうちには、やがて名人になりましょうからなァ」

しかし、先進国であるヨーロッパの兵学者が、こうした象山の〝暴挙〟を聞けば、あるいは卒倒したかもしれない。どこの世界に系統だった学問を積み上げずに、いきなり大砲を創る学者がいるであろうか。「守」「破」「離」は文武の原理であり、原則でもある。

形（型）や基本を定められた手順にのっとって、鍛錬精進し、自らの工夫を加味し、新しいものを編み出す。そして解脱する——これが象山の師、佐藤一斎や江川太郎左衛門の〝学び〟であったが、象山は「破」と「離」を一度でやってしまおうとしたようだ。

教育は難しい、佐久間恪二郎の例

幕末日本の余命が、旦夕《たんせき》に迫っている、との切迫した思いが強かったからであろう。

象山の師たちは、そのことを理解していた。それゆえ、象山は破門されることなく、有形無形の庇護《ひご》を〝師〟たちから受けることができたのである。

すでにみた、布施維安《ふせゆいあん》の『治邦要訣《ちほうようけつ》』に、次のようにあった。

「人を用うるは其の短を棄《す》て、長を用うべし。人に癖無き者は稀なり。大本の所だに違《ちがい》なくば、少しの癖は癖にならず。或《あるい》は一事仕損じたりとて遽《にわか》に其の人を捨《す》つべからず。大本の所が慥《たしか》なる人ならば、過《あやまち》を許して任用すべし。然《しか》らざれば人材を尽すこと能わず」

あえて、意味を述べる必要はあるまい。前章の吉田松陰でも述べたが、人を使う場合の要諦で、難しいのが長所と短所の見極めであろう。この二つは表裏一体の関係にあった。

「短を棄て、長を用うべし」

これは象山こそが、その好例であったろう。あまりに尊大無礼な態度＝短所や癖が目立つものの、彼にはきわめて優れた才能が並立していた。

象山の師として、佐藤一斎も江川太郎左衛門も、時局をわきまえていた、という点を忘れてはならない。先にみた〝非常の才〟の受け入れである。

日本人が戦国や幕末といった動乱の時代に、泰平の世より多くの魅力を感じるのは、〝非常の才〟が活躍するからでもあった。彼らは実は、いつの時代にもいた。だが、平時＝泰平の世では、その短所が目立って、長所が活かされることがなかったようだ。

非常事態となって切羽詰まり、苦肉の策として、〝非常の才〟が登用されるのである。見方を変えれば、むしろ問題は登用する側にあるように思われる。

余談ながら、われ偉大なり、と自称する大学者象山をしても、なおままならないことが一つだけ存在した。子宝である。

自らの遺伝子をもつ子供を、一人でも多く育てれば、それだけで国のためになる、と心底、信じて疑わなかった彼だが、幾人もの妾をもちながら、満足に育ったのは次男の恪二郎《かくじろう》一人だけであった。ほかは皆、夭逝《ようせい》してしまっている。

あせった象山は、弟子でもある勝海舟に懇願し、その妹の順子を正妻としたが、やはり子供は生まれなかった。当然のことながら象山は、一人息子の恪二郎に満幅の期待をよせた。しかし所詮《しょせん》、息子は父ではない。象山は恪二郎の凡庸さに、落胆したまま、元治元年（一八六四）七月、京都三条木屋町で暗殺された。このとき、恪二郎は十七歳であった。

「後ろ疵《きず》を受けて落命するとは、武士として不覚である」

象山の常日頃の言動が災いして、藩内の政敵から指弾され、佐久間家は断絶となってしまう。このおりの、恪二郎の心境は複雑であったに違いない。父を亡くし、家禄を失ったことよりも、彼にとっては己れの魂の開放感に、むしろ喜びを感じていたかもしれなかった。

ところが、象山の友人や弟子たちがいらぬ世話を焼いた。

「父を襲った仇を探し、討って家名を再興しなければなりませぬ」

恪二郎はしかたなく、新撰組に〝客分〟として入隊することに。ところが、「隊士ノ粗暴ヲ見慣ヒ、荒々《あらあら》シキ行状ヲナス」（『壬生浪士始末記』）で、ついには、人をあやめて新撰組を脱走するにいたった。

一時は新撰組に生命《いのち》を狙われた恪二郎であったが、伯父にあたる海舟が副長の土方歳三に大金を積み、ようやく放免となる。

その後、海舟の〝顔〟で薩摩藩邸に世話になった恪二郎は、明治三年（一八七〇）、西郷隆盛の口添えもあって、念願の佐久間家再興を果たした。翌年五月、恪二郎は松代から「東京」に出ると、福沢諭吉の慶應義塾に学び、明治六年には司法省出仕四級判事補となっている。「恪《いそし》」と改名した。

だが、もともと性格は父とは正反対、意志は薄弱、克己心も紙片のように薄い人物であった。たちまち己れの栄達に酔い、明治八年九月、恪二郎は泥酔して人力車夫と喧嘩をし、駆けつけた巡査にまで殴打して、「罰金十円」をいい渡される。そして愛媛県松山裁判所へ、左遷となった。明治九年のことである。

翌年二月二十六日、彼は松山の「涼風亭」という料理屋で、うなぎの蒲焼きを食べて急死した、と伝えられている。河豚《ふぐ》にあたるのならまだしも、うなぎにあたるとは珍しい話である。享年はわずかに、二十九であった。こんな儚《はかな》い人生もあったのである。

象山にめざす方向を学んだ海舟

象山の息子・恪二郎は、父の後継者となり得なかったが、象山の学統は吉田松陰を安政の大獄で失いつつも、象山の私塾「五月塾」において、松陰（寅次郎）と〝二虎〟と並び称された、越後国（新潟県）長岡藩士・小林虎三郎を生み、彼は明治維新を生き残って、〝米百俵〟の理想を後世に伝えている。龍馬は維新の夜明けをみることができなかったが、海舟は生きつづけ、明治政府にも影響を与えた。

象山の妻味は、すでにふれたように、自らの大砲製造にも自信をもち、嘉永三年（一八五〇）の秋には、はやばやと江戸で開塾に踏み切ったところにも明らかであった。ときに彼は、四十歳。海舟はこの毀誉褒貶定まらぬ天衣無縫の大科学者を、首をかしげつつ訪ねた。こちらは二十八歳であった。

前にも述べたが、筆者はこの二人の出会いと、海舟を訪ねた龍馬の出会いが、妙に重なってならない。偶然ながら象山と海舟の年齢差は、龍馬が海舟を訪ねたときの年齢差と同じであった。

——今一つ、入門に関して見落としてはならない側面がある。

幕末に興った蘭学には、重厚な〝伝統〟が存在しなかった、という点だ。

日本では従来、稽古事の入門は文武ともに厳格な格式や決まりが定められていた。

たとえば、神仏の前で起請文《きしょうもん》を書き、教授内容は親兄弟といえども洩らしてはならず、秘伝を受けるにも幾つもの段階、仕来《しきたり》が存在した。

しかし、もともと同志的な結合で、同好会のようにして発足した日本の蘭学には、漢学や武術、芸道の世界が蓄積してきた歳月がなく、その分、習慣も希薄であった。

そのため、象山のような横着な学びをしても、それほど問題にはならず、極端ないい方をすれば、教える方も自らを師、入門者を厳密な意味での弟子、とは見なしていない場合も多かったように思われる。

象山は海舟の〝師〟か、といえば、双方ともにはて、と首をかしげたかもしれない。

この両者の屈託《くったく》のなさこそが、まさしく新興の学問のなせる業《わざ》、新鮮さともいえた。

ただし、海舟にとって象山との出会いは測り知れないプラスをもたらした。海舟は象山に出会って初めて、「海軍」への、具体的な目を開かれたのであるから。

すでにみた、高島秋帆―江川太郎左衛門、弟弟子の下曾根金三郎―徳弘孝蔵といった西洋流砲術の流れは、全体にいまだ陸上砲術の域を出ていなかった。彼らの活躍が、台場《だいば》(砲台)を築いて大砲を並べ、来襲する〝夷狄《いてき》〟を撃つという戦法に終始していたが、敵が海上を移動する蒸気船であった場合、必ずしも台場の大砲は有効な武器とはいえなかった。

「軍艦には軍艦をもって、あてるべし」

この発想は、象山の独擅場《どくせんじょう》であったように思われる。

海舟の二人の〝師〟

ところで、筆者は以前、なぜ、坂本龍馬が勝海舟の門下生になったのか。換言すれば、改めて許された象山に学ばなかったのか。その理由について考えたことがあった。

結果からいえば、龍馬が海軍を志したからではなかったろうか。

象山の学問上の〝師〟としての、限界といい替えてもよい。

尊王攘夷にかぶれた龍馬が、幕臣の海舟を斬りに行く、という滑稽な話がいまもって蔓延している。海舟は号で、彼の通称は麟太郎《りんたろう》、諱《いみな》は義邦《よしくに》である（明治維新以降は安芳《やすよし》）。

文政六年（一八二三）正月三十一日、小禄の幕府御家人ながら、無役の勝小吉《こきち》の長男として生まれていた。もし、ペリーの来航にはじまる幕末動乱期に遭遇しなければ、この人も門閥第一主義の徳川幕府の治世では、到底、日の目をみることはなかったろう。

海舟は持ち前の克己心で剣と禅を学び、十六歳のころから蘭学（とくに西洋流兵学）に目を向けた。

海舟が蘭学を始めた動機には、いくつかの説がある。

友人の本多貢《ほんだみつぐ》から蘭書をみせられ、一字も読めなかったために奮起したというもの。

「蘭書といえども、人間の書いた文字である。人間の書いた文字を、同じ人間が読めないというのはいかにも心外だ」

と海舟は憤ったとか。いや、大砲の砲身に書かれていた西洋文字だったとか。

また、剣の手解《てほどき》をした直心影流《じきしんかげりゅう》の男谷《おだに》精一郎（海舟の又従兄弟《またいとこ》）に、

「もう、剣術の世ではなくなるから、お前は西洋兵学について学べ」

と助言されたという説もある。なるほど、彼には「蘭斎」の号があった。

さらには、剣の師・島田虎之助に西洋兵学の優秀さを教わり、蘭学を始めたとの説――この場合も、その源《みなもと》は男谷精一郎であったかと思われる。

しかし、いずれにしても、ここで見落としてならないのは、海舟が二人の優れた剣客を師としていた点である。二人は愛弟子の海舟に、雑念を捨てて生涯を剣に生きよ、と指導してもおかしくはなかったはずだ。

海舟に剣の素養がなければまだしも、精一郎からも父・小吉譲りの才能を認められ、のち二十一歳にして虎之助から、目録（奥許《おくゆるし》）を授かっている。事実上の師範代として、大名屋敷へ出稽古に巡るほどの腕前になっていた。

にもかかわらず、二人の師は海舟を剣の道にひきとめなかった。

当時、隣国の清が阿片《アヘン》によってイギリスの植民地となりつつあった現実は、多くの日本人知識層の間で、半ば公然の秘密となっていた。やがて日本も欧米列強の餌食《えじき》となる――その危機意識を二人の剣客も持っていたのである。

剣客でありながら、冷静に「剣」の限界を読みとり、国防のためには何が必要かつ不可欠か、将来《あす》の日本が求めるものはなにか、を的確にみてとった二人の眼力にはおそれいる。海舟は目先の事柄や枝葉末節にとらわれず、大所高所からものをみ、考えて判断が下せる師をもち得たために、蘭学を学ぶ機会に恵まれた、といえるわけだ。

後年、海舟は二人の師と同様に、己れの幕臣としての立場を越え、広く日本全体の将来を展望し、坂本龍馬や西郷隆盛を指導した。その出発点はここにあったといえよう。

「人物」は「人物」によって、育まれるということである。

海舟は〝師〟を求めて奔走した

――海舟は二十歳のおり、蘭学、なかでも洋式兵学を志した。

この頃、蘭学といえば医術と相場が決まっていた風潮を思い起こせば、洋式兵学をめざした海舟は、その意味では独特なスタートをきったといっていい。

まだ、ペリーが日本へ来航する十年前のことである。幕府にも蘭学は浸透しておらず、わずかに、天文方にオランダ語の翻訳局があったにすぎなかった。

海舟はこの翻訳局に席をおく、箕作阮甫《みつくりげんぼ》という人物を〝師〟と仰ごうとした。

蘭学者としては当時、江戸で一、二の権威を持っており、幕府から扶持《ふち》をもらっていた（のち文久二年〈一八六二〉には、洋学者として最初の幕臣にとりたてられている）。もとは、美作国《みまさか》（現・岡山県北東部）津山藩の侍医。海舟は箕作のもとへ、入門を願い出た。

ところが箕作は、明らかに迷惑顔で、そこもとは何処の国の人かと聞く。

海舟が幕府の御家人です、と答えると、

「ああ左様か」

と断りの理由が見つかったのか、いささか安堵した様子で、箕作は次のように述べた。

「わしは江戸人が嫌いだ。江戸人は元来浮薄《ふはく》（あさはかで軽々して）で、蘭学のような野暮《やぼ》ったい努力のいるものには向いていない」

海舟のことだ、食いさがっただろうが、結局は、

「江戸っ児は五月《さつき》の鯉《こい》の吹き流し、口はあれどもハラワタは無し」

と受けつけてもらえなかった。

しかし、ここであっさり志を翻す男に明日は来ない。

――いつの日か、この箕作阮甫を見返してやる。

海舟は心中深く決すると、新たに蘭学の師を求めて奔走した。

目的と手段を、混合してはいけない。昨今の大学受験生や企業就職を目指す新卒者にも往々に見受けられるが、己れの志望先に蹴られたら、途端に意気消沈するタイプが多い。まずやりたいことがあって、その手段として先方を具体化するのが筋である。得てして、己れに自信のない者は、権威や肩書き、すなわち社会通念に縋ろうとするものだ。

海舟は違っていた。次の手段＝新たな師を求めて駆けずり回り、ついに筑前福岡藩士の永井青崖《ながいせいがい》を師と仰ぐことに成功した。青崖は箕作阮甫の弟子であり、その師に比べれば無名に近かったかもしれない。だが、蘭学者としては篤実な人物で、弘化四年（一八四七）、『万国輿地方図《ばんこくよちほうず》』という世界地理書を著していた。専門は地理学であったが、蘭学のイロハも知らない海舟にとっては、まず蘭学の基礎であるグラマチカ（文法）を学ぶのが先決。それゆえ、あえて師の専門を問う必要はなかった。

物事は何でもそうだが、およそ方針通りには運ばないものだ。

後年、海舟は次のように述べている。

人はよく方針というが、方針を定めてどうするのだ。およそ天下のことは、あらかじめ測り知ることができないものだ。網を張って鳥を待っていても、鳥がその上を飛んだらどうするか。われに四角な箱を作っておいて、天下の物をことごとくこれに入れようとしても、天下には円いものもあり、三角のものもある。円いものや、三角のものを捕えて、四角な箱に入れようというのは、さてさてご苦労千万のことだ。（勝部眞長編『氷川清話』）

「蘊底《うんてい》」を叩かざりしは遺憾

人生何事によらず、先に行った者が断然、有利である。己れの人生に方向性ももたず、ただなんとなく日々を送っている人は、人生の喜びや生き甲斐を知ることのできない、可哀相な人といえるかもしれない。

人間男女の別なく、志をたて、その達成をめざすところに生き甲斐は生まれる。いわば志は、人生に目標を与えると同時に、自己を鍛練するための手段でもあり、その意味において志が高ければ高いほど、人間は逞《たくま》しく、大きく、成長・完成していくもののようだ。

海舟は、赤坂溜池の筑前福岡藩邸へ出入りして蘭学に励んだ。むろん、剣術もつづけながらである。彼の偉大さは、単に蘭学を知識とするにとどまらず、具体的には蘭学を通して西洋兵学を研究し、国事に役立てるという目標を設定したところにあった。

志は現実から遊離するのではなく、目標は現実に即しながら、達成可能な高邁さを理想とするものでなければならない。また、将来に向けて己れが大きく成長するためにも、人間は常に志を胸に、着実に歩《ふ》を進める必要がありそうだ。

のちに海舟の上司となる木村喜毅《きむらよしたけ》（号して芥舟《かいしゅう》）に、海舟本人が語った話が『笑鷗楼筆《しょうおうろうひつ》談《だん》』（木村芥舟談）に載っている。

それによれば、十代の海舟は元幕府の馬乗役であり、蘭学に通じて馬の治療に功績をあげた、都甲斧太郎《つこうおのたろう》という人に、蘭学を学んだとあった。彼も海舟の〝師〟である。

このおり海舟はどういう教えを受けたのか、同書には次のようにあった。

「先生（都甲）、唯大要《たいよう》を捉《とら》えるのみにして、章句《しょうく》は措《おき》て問はず、且《かつ》曰く、予人に蘭学を教《おしえ》るを喜ばず、如何となれば下手に之《これ》を学べば、却《かえっ》て身を害するの媒《もと》となればなり」

細かい文法にこだわらず、蘭学からみえる欧州というものを、全体的に都甲は海舟に教えたという。文明、文化と解してもよいであろう。

都甲は徳川幕府を「已《すで》に衰亡に瀕《ひん》せんとす」と海舟に語り、「天下に一人として共に語るべきものなし、只渡辺登《ただわたなべのぼる》（崋山《かざん》）と云《いう》人あり、共に談ずべし」と述べている。

同時に「高野長英の如きは、才学はあれ共甚《どもはなは》だ危し」とも語っていた。

「蛮社の獄」で蘭学者が幕府に弾圧されたことを踏まえての発言であったろう。

渡辺崋山は蟄居中に自ら切腹し、高野長英は捕えられて脱獄、島津斉彬をたよったのち、江戸で服毒自殺を遂げていた（関連198ページ参照）。

海舟が蘭学を志したのは、いまだ、その余韻を強くひいている時代であり、前述した如く剣豪・島田虎之助の高弟として、旗本屋敷に師の代参＝代稽古にかよっていた海舟は、蘭学修行をしていることを知られ、出入り禁止をいくつもいい渡されている。

わが神州にあって、夷狄《いてき》の学問をするなど、もってのほかだ、といわれた時代であった。都甲はその時代に蘭学を修めていた。おそらくは独習、象山と同じような努力をしたに違いない。後年、海舟は喜毅に述懐している。

「其時《そのとき》、予《よ》年少討論して蘊底《うんてい》を叩かざりしは、深く遺憾に想ふなり」

右の「蘊底」とは積み蓄えた底――すなわち、蘭学を学んだことで知り、考えた都甲の思いを、当時の海舟は尋ねるだけの内容を持たなかった。「瀉瓶《しゃびょう》」ですべてを受け継げなかったことが、残念でならない、と彼はいっているわけである。

海舟『ヅーフ・ハルマ』を二部写す

二十八歳のおり、海舟は佐久間象山を訪ね、なおも蘭学の修行を積む。

ところで、「甲比丹《カビタン》」と称されたオランダ商館長であるが、彼らは原則として一年で交替した。毎年七月、新任者が季節風を帆にはらんで、日本へやってきては任期満了者と交替する。事情によっては数年、日本へ滞在した者もいるが、享和三年（一八〇三）に商館長として来日しながら、文化十四年（一八一七）までの十四年間、母国へ帰れなかったヘンドリック・ヅーフは異例であった。

彼はナポレオン一世のために、故国へ帰れなくなったのだが、それがまわりまわって、日本に幸いした（関連90ページ参照）。

ヅーフが帰国したくとも、本国から船が来ないのである。なにしろ、オランダはナポレオン戦争に巻きこまれ、フランス軍に占領されて、ついには国そのものが消滅してしまっていた。換言すれば、ヅーフの日本滞在時、地球上でオランダ王国の国旗が翻っていたのは、日本の長崎出島だけということになる。

ヅーフは不可抗力の十四年に及ぶ長期滞在の間に、時間を持てあました末、日本人のための辞書づくりを思い立った。オランダ人のフランソワ・ハルマが編んだ蘭仏辞書をもとに、ヅーフ自身が日本語訳を試みたもので、幕府はこれをオランダ通詞に命じて校訂、編集させている。

この〝日蘭辞書〟を日本の幕末の蘭学者たちは、『ヅーフ・ハルマ』（あるいは『和蘭字彙《オランダじい》』）と呼び、蘭学最高の参考書、辞書として珍重した。のちに、日米修好通商条約が結ばれてようやく、幕府は公刊を許し、幕府の御典医・桂川甫周《かつらがわほしゅう》が改訂して出版（『和蘭字彙』全十四巻）にこぎつけたが、それまでは写本の数も少なく、稀覯本《きこうぼん》あつかいであった。

当時の価格にして、全五十八巻で六十両。ざっと今日の百二十万円ほどの値打ちがした。閑題《さて》、『ヅーフ・ハルマ』である。もとより貧乏な蘭学生の海舟に、それを購入できる大金のあろうはずもなかった。だが、彼は諦めない。目的は『ヅーフ・ハルマ』を読み、己れの知識に磨きをかけることだ。海舟は一年間十両の損料（写し賃）を払って、所有者から借り出し、一カ年で二部ずつを筆写した。現在なら複写機《コピー》で瞬時に写せるが、昔はそうはいかない。すべて書き写さねばならなかったが、これがまた煩瑣《はんさ》な手続きと作業をともなった。

和紙に礬砂《どうさ》（ミョウバンとニカワを溶かした液）をひき、インクが紙に滲まないようにして、手作りのインクを調合し、アヒルの羽根を削ったペンを用いて筆記した。

海舟は一部を手もとに残し、もう一部を売却して得たお金で、損料を払うとともに、幾許《いくばく》かを家計の足しにしている。二十五歳から、二十六歳にかけてのことだ。

筆写本の巻末には、次のような海舟の手記がみられた。

弘化四丁未《ていび》業につき、翌仲秋二日終業、予（海舟）この時貧骨《ひんこつ》（貧しい）に到《いた》り、夏夜蟵《かや》無く、冬夜衾《ふすま》無し、唯、日夜机によって眠る。しかのみならず、大母病気にあり、諸妹幼弱にして事を解せず、自ら椽《たるき》を破り、柱を削ってかしぐ。困難爰《ここ》に到る。又、感激を生じ、一歳中二部の謄写成る。その一部は他にひさぎ、その費を弁ず。嗚呼、此の後の学業、その成否の如き知るべからず、期すべからざるなり。勝義邦記

海舟の蘭学が、わずか数年でめざましい進歩をみせたのも、やはり、そこには忍耐と努力につぐ苦学があった。われわれはともすれば、己れの才能の不足を嘆いて、目的の成就しないのを素質や環境、あるいは運のせいにしがちだ。無論、そうした現実を完全には否

定しない。しかし、あたら立派な才能や環境に恵まれながら、際立った成功もおさめられずに終わる人も少なくない。その理由は、往々にして忍耐と努力の不足にあった。

『ソルダート・スコール』が教えること

「ワシなどは元、とンと、望みがなかったものだからネ。貧乏でねェ。メシだって、一日に一度位しか食べやしない。それで十分だもの」（勝海舟述・勝部眞長校注『海舟座談』）

一日一食の貧困に耐えつつ、海舟はオランダ語の辞書を懸命に写した。しかし、その一見無味乾燥に思える作業は、ヅーフの手によって『ヅーフ・ハルマ』が完成して、わずか十三年後の出来事であったことを思うと、〝時〟の流れに驚嘆しはしまいか。

――次のような挿話もあった。

海舟が『ヅーフ・ハルマ』を写して後のことらしい。『ソルダート・スコール』（『三兵用兵戦術』）という、大編の書物が書店に入荷した。金五十両（現在なら百万円）の高価なものだが、海舟は十数日もかかって金策に駆けずりまわり、どうにか代金を整えて本屋に行ったところ、僅《わずか》な差で、書物は四谷大番町に住む勘定方《かんじょうがた》の与力《よりき》に買われてしまった。

『ソルダート・スコール』に執着する海舟は、持ち主になった与力に転売をかけあうが、先方も読みたいからこそ大金を払ったのである。転売は無論のこと、貸し出しすら拒絶される始末。押し問答をつづけたが埒《らち》があかない。それでも海舟は粘りつづけ、

「よもやあなたも、寝ているときには書物を読まれますまい」

といい、与力が床に就いている四ツ刻（午後十時）から翌日の明け方まで、それも借り出すのではなく、所有者宅の書斎で読むという条件を出した。

「なんという男か」

与力はこの強引で執拗な海舟のいいざまに、あるいは呆然としたかもしれない。が、海舟に相手の心中を斟酌《しんしゃく》する余裕などなかったろう。

双方の家の距離は、片道一里半（約六キロ）もある。与力は、よもや毎夜は来ないだろうと高《たか》を括《くく》り、海舟の示した条件を承諾してしまった。さあ、大変である。

次の日の四ツ刻になると、さっそく海舟は現れた。そうして家の者が寝静まるのを待って行燈《あんどん》をひきよせ、『ソルダート・スコール』の写本をはじめた。『ヅーフ・ハルマ』を二冊も写したあとだけに、写本は手際よく進み、結局、海舟は半年ののち、これをすべて書き写してしまったという。

かたや本の持ち主の勘定方与力は、海舟が写本に没頭している間は就寝、昼間は公務のために、海舟が写し終えるまでに全部を読破できなかった。

こうして海舟の努力談は残ったが、与力の方はその姓名すら現在にいたるも伝わっていない。素質や才能、運だ環境だといいわけするよりも、どれだけの努力をしたのかを、まず己れに問わねばなるまい。

海舟は幕末動乱の、ペリー来航のおかげで蘭学が有卦《うけ》に入り、もてる才能を十二分に発揮できる時代に出くわした。これは幸運であったかもしれない。しかし、その幸運とて早くから蘭学をマスターし、西洋兵学を身につけていなければ活かせるものではなかった。

運を運として活用できるか否かは、それ以前にどれだけ徹底した努力と、不屈の忍耐力を発揮したかにかかっていた。この道理は、いつの時代も変わらない。

氷解塾を開き、幕府開明派官僚となる

嘉永六年（一八五三）のペリー来航以前、通詞《つうじ》でも蘭方医でもない者が、オランダ語を学びはじめた。そのため、蘭学塾一般の経営はようやく、採算ベースにのるようになった

といえる。貧困生活にあえいでいた海舟は、嘉永三年（一八五〇）に父・小吉を失い、老いた母や三人の妹、己れの妻と二人の子供を養うためにも、蘭学塾を開いて、それまで学んできた知識を切り売りし、西洋兵学を教えることに踏み切った。

一説に、塾名を「氷解塾」と称したという。さて、海舟はどのような教育をめざしたのであろうか。晩年、海舟は、「後進の青年を導くには、なるべく卑屈にせぬよう、気位は高尚《こうしょう》に持つようにしてやらねばいけないよ」といっている。

自立心の希薄な者がいくら集まっても、烏合《うごう》の衆でしかない。確固たる目標をもつことを、海舟は何よりも門人に求めた。

これは彼の体験に、根差していたといえる。

徳川幕府は幕臣に自立心を求めず、幕府権力に依存するだけの、弛緩した気風を育《はぐく》んできた。そして、そのぶらさがりが限界に達した段階で、幕府は瓦解した。幕臣の多くはすべてを失い、幕府を頼っていた三百諸侯の大半も、同断の運命を辿った。

一方、自立心の旺盛な脱藩浪士＝勤王志士は、孤剣を抱いて動乱の時代を突き動かし、薩摩・長州の二藩は他藩の人材、資金、資源などの援助をあてにすることなく、維新回天をリードして、その主導権を握った。海舟は二十八歳にして、赤坂田町《たまち》の自宅に、私塾を開塾する。そして、嘉永六年（一八五三）六月のペリー来航に際して、翌月、海防意見書を幕閣へ提出。これが認められて幕府へ出仕となり、ほどなく長崎海軍伝習所で近代海軍を学ぶことになる。

その後、幕府きっての海軍通、開国論者＝開明派官僚として、注目されることになった彼は、反面、沸点に達しつつあった尊王攘夷運動の中核――俗にいう勤王志士たちからは、「外国かぶれした奸物《かんぶつ》」、「不倶戴天《ふぐたいてん》の敵」と映り、〝天誅《てんちゅう》〟を加えるべき人物の候補《リスト》に挙げられていた。

「夷臭《いしゅう》斬るべし、天誅加えるべし」――。

俗説によれば、攘夷派の脱藩浪人と定義される坂本龍馬が、同じく「志士」にかぶれた千葉重太郎《じゅうたろう》（千葉周作の甥）と共に、伝手《つて》を頼って海舟に面会を求め、機会をうかがって、これを斬ろうとした、という寓話《エピソード》がある。

海舟と龍馬の「邂逅」

さらにつづけると、二人は書斎に通されるがこの時、海舟は背中をむけたまま書見をしていたという。しばらくののち、ようやく振り向いて龍馬と重太郎の挨拶を受けると、海舟は鋭い目差しで、いきなり切り出す。

「刀が遠いではないか。もっと膝もとへ引きつけておかねば、この勝は斬れまいよ」

二人を前に、胡座《あぐら》を掻《か》いたとも伝えられる。名場面といってよい。

龍馬たちは、完全に海舟に呑《の》まれた。二人の動きを制した海舟は、おもむろに地球儀を指さしながら、日本と同じ島国のイギリスが、いかにして世界一を誇る大英帝国となったかを語り、ついでロシアの南下政策を説く。攘夷そのものは否定せず、目前の愚昧《ぐまい》な二人にわかるように講義を行ったわけだ。そしてようやく、

「刀剣を振り回しているだけでは、攘夷は全《まっと》うできない」

と持論へ引き込んだ。挿話は佳境に入る。

ついで、航海貿易による興国論＝富国強兵策を説いた海舟に、龍馬は大きな体を折って平伏し、すすんで弟子入りを願い出る。目出度《めでた》し、目出度し――。

しかしこの挿話、常識的に考えて、はたして成り立つであろうか。まずもって、当時の海舟は今風にいえば防衛省の局長級《クラス》に相当した。一介の名もなき不逞《ふてい》の輩《やから》が、いくら伝手を頼ったとはいえ、そうすんなりと面会できると考えること自体が現実的ではない。

時代はいまだ綻《ほころ》びかけているとはいえ、身分・階級の厳しい制度下であった。

そのため、龍馬と重太郎は越前福井藩前藩主・松平春嶽を訪ね、その紹介状をもらったと説く研究家もいる。が、そのことも含めての前提として、この文久二年の時点で龍馬は、それ相応の海外知識を持っていなければ、筆者は対座すること自体が成り立たなかったと考えてきた。

明治に入ってからの海舟は、聞き手がおもしろがるような大ボラを吹くことも珍しくなく、聞き手自身がおもしろおかしく脚色することも少なくなかった。現に龍馬が己れを斬りに来た話は、海舟の『追賛一話』にある。しかしこれは、額面通りにはうけとれまい。

土佐藩を脱藩して、行く方知れずの龍馬が、ふいに姿を現わすのは、翌文久三年（一八六三）三月二十日、姉の乙女《おとめ》に宛てた書簡によってであった。


扨《さて》も〳〵（さても）、人間の一世はがてん（合点）の行ぬは元よりの事、うん（運）のわるいものハふろ（風呂）よりいでんとして、きんたま（睾丸）をつめわりて死ぬるものもあり。夫《それ》とくらべては私などは、うん（運）がつよくなにほど死ぬるバ（場）へでゝもし（死）なれず、じぶん（自分）でし（死）のふと思ふても又い（生）きねバならん事になり、今にては日本第一の人物勝憐（麟）太郎殿という人にでし（弟子）になり、日々兼而思付所《かねておもいつく》をせい（精）といたしおり申候《もうしそうろう》。其故《それゆえ》に私年四十歳になるころまでは、うちにはかへらんよふにいたし申《もうす》つもりにて、あにさんにもそふだん（相談）いたし候所《そうろうところ》、このごろはお丶きに御きげんよろしくなり、そのおゆるしがいで申候。国のため天下のためちからお（を）つくしおり申候。どふぞおんよろこびねがいあげ、かしこ。

文面には、これまで求めつづけてきた自らの進むべき道――陸上砲術→海上砲術→海軍の流れに乗ること――の具体策を示してくれた〝師〟と「邂逅《かいこう》」できた喜び、師と仰いだ勝海舟への敬慕の情が読みとれよう。

すでに見てきたように、蘭学の素養＝西洋流砲術を修めてきた龍馬は、このころ単純素朴な尊王攘夷論とは明らかに一線を画《かく》し、次なる段階＝尊王攘夷を実行するための、具体的な方法論＝海軍を模索するレベルにいたっていた。

海舟の許を訪ねたのも、その答えを求めてのものであったろう。

海舟と龍馬、師弟の活躍

龍馬は海舟から、攘夷を実行するには陸上砲術では不十分であり、海上砲術、さらには一歩前進させた「海軍」こそ必要不可欠だと教えられ、ここにいたってようやく、今まで已れが求めていたものに気がついた。

無論、海舟の持論を龍馬は、師・佐久間象山からも聞いていたはずだ。素養があればこそ、海舟の論を評価できたと考えるべきであろう。

では、これまでに耳にした「海軍」と海舟が示したものとは、どこが違っていたのだろうか。象山が説かず、海舟が語ったのは――おそらく、その「海軍」に脱藩郷士の龍馬が参加できるという、海舟の方法論であったろう。

すなわち、幕府などすでに念頭になくなっていた海舟の、挙国一致の体制づくりに龍馬は参加させてもらえると知り、大いに感動・感謝したのである。

海舟に比べ象山は、一世代年齢が先行していた。当然、年齢における発想の限界を持っていたはずだ。のみならず、長崎海軍伝習所やここを母体とした築地の軍艦操練所は、幕臣以外原則、学べなかった。海舟の言葉を借りれば、極端な門閥主義が「人材」の育成を阻《はば》んでいたといえる。

ところが、十四代将軍・徳川家茂《いえもち》が摂津海防禦《ぼうぎょ》体制の視察で大坂湾を巡回したおり、海舟は家茂に直談判して、神戸海軍操練所の開設が許可された。併せて神戸周辺で地方知行を受け、私塾を営むことも勝手次第となる。海舟個人の神戸海軍塾が許可され、神戸の海軍施設は官立・私立の二本立てとなった。

幕府開設の神戸海軍操練所の発足は、翌元治元年（一八六四）に持ちこまれたが、海舟の私塾はすぐさま開塾の段取りに入った。のちに龍馬が塾頭となるのは、この私塾である。官立の中心には、安政元年（一八五四）に海舟の私塾に入門した佐藤与之助（政養《まさやす》）が任じられた。出羽国庄内藩領（山形県飽海《あくみ》郡遊佐《ゆざ》町）の出身。海舟より二歳年長の弟子であった。

いずれにせよ龍馬は、海舟に「邂逅」したことで、己れの人生を確立したといってよい。このとき、龍馬は二十八歳。その短い生涯の中で、光り輝く季節の到来であった。

このあと時代は、文久三年（一八六三）八月の八・一八クーデター（薩摩藩と会津藩が手を結び、長州藩及び尊攘派の浪士を京から一掃）を経て、元治元年（一八六四）七月に禁門の変が勃発。神戸海軍操練所が尊攘派のアジトと間違われた海舟は、江戸へ召還され、龍馬は薩摩藩の保護のもとで長崎に亀山社中を創設する（さらに、土佐海援隊へ）。

慶応三年（一八六七）十一月十五日、龍馬は暗殺され、この師弟は再び、共に語ることはかなわなかった。が、海舟は討幕派＝薩長同盟の台頭するなか、鳥羽・伏見の戦いにおける旧幕府（前年十月に大政奉還をしている）の敗北により、徳川家の終戦処理を一任される。

西郷隆盛との江戸無血開城を果したのは、慶応四年四月十一日のことであり、龍馬がこの世を去ってから五カ月足らずのことであった。海舟は旧幕臣の身の振り方を配慮する一方、「一大共有の海局」＝日本国海軍の建設に邁進した。

明治五年（一八七二）には海軍大輔《たいふ》となり、翌年には参謀兼海軍卿となっている。しかし、海舟の理解者であり、後継者でもあった龍馬はすでになく、ともに江戸を戦火から救った西郷隆盛も、明治十年には西南戦争で敗れ、鹿児島・城山の露と消えた。

海舟の出る幕は徐々に少なくなり、その描いた新国家構想は次代の人々に受け継がれることとなる。

アジア中心の構想が、いつしか欧米追随一辺倒のものに変貌していく。

「孤独の翳《かげ》」と海舟の後進への遺言

海舟・龍馬には、否、佐久間象山にも、吉田松陰にも、これまで具体的に見てきた事柄の外に、今ひとつ共通したものがあった。「孤独の翳《かげ》」である。四人はともに卓越した才能と行動力ゆえに、敵からも味方からも疑われ、それでいてなお畏敬されるという、損な歴史の中に役割をふられてきた。

これでは立つ瀬がない、という人がいるかもしれない。しかし、海舟はこれでいいのだ、という。

維新のころには、妻子までもおれに不平だったよ。広い天下におれに賛成するものは一人もなかったけれども〈中略〉おれは常に世の中には道というものがあると思って、楽しんでいた。

また、一事を断行している中途でおれが死んだら、だれかおれに代わるものがあるかということも、ずいぶん心配ではあったけれど、そんなことはいっさいかまわず、おれはただ行なうべきことを行なおうと大決心をして、自分で自分を殺すようなことさえなければ、それでよいと確信していたのさ。(『氷川清話』)

――師の志を継ぐ、弟子はきっという。

海舟は閉ざされてしまった歴史の表舞台に見切りをつけると、没落した旧幕臣の面倒をみながら、前将軍慶喜の名誉回復に、残り少ない己れの人生を懸けた。

海軍卿、枢密顧問官となったのには、そうした側面もあったのである。

あるとき福沢諭吉が、そうした海舟の言動を「痩我慢《やせがまん》の説」で皮肉り、かつ攻撃した。

それにも海舟は、明快に答えている。

「行蔵《こうぞう》は我に存す。毀誉《きよ》は他人の主張、我に与《あずか》らずと存候《ぞんじそうろう》」

この「行蔵」とは、出処進退のことである。海舟のこの言葉には百万言を費やしてもいい尽くせない、人生の真実や人間としての重味、深味が潜んでいる。

その人がなにを考え、なにをなしたか、人の生き方はつまるところ、良くも悪くも、最後はすべて自身に跳ね返る、と海舟は自らの生涯を通じて語りたかったのかもしれない。

明治三十一年(一八九八)三月二日、前将軍慶喜は皇居に参内、明治天皇と皇后に拝謁

して、ここに皇室と徳川家の和解は成立した。海舟はこの日の日記に、

「我が苦心三十年、少しく貫く処あるか」

と短く感慨を書き残している。

また、彼はいう。

おれの見たところでは、今の書生輩は、ただ一科の学問を修めて、多少知恵がつけば、それで満足してしまって、更《さら》に進んで世間の風霜《ふうそう》（世渡りのきびしさ）に打たれ、人生の酸味をなめようというほどの勇気をもっているものは、少ないようだ。こんな人間では、とても十年後の難局に当たって、さばきをつけるだけのことはできまい。おれはこんなことを思うと心配でならないよ。

天下は、大活物《おおかつぶつ》だ。区々《くく》たる没学問《ぼつがくもん》や、小知識では、とても治めて行くことはできない。世間の風霜に打たれ、人生の酸味をなめ、世態《せたい》（世の中のありさま）の妙を穿《うが》ち、人情の微をきわめて、しかるのち、共に経世《けいせい》（世を治める）の要務を談ずることができるのだ。小学問や、小知識を鼻に掛けるような天狗先生は、しかたがない。

それゆえに、後進の書生らは、机上の学問ばかりにこらず、更に人間万事について学

ぶ、その中に存する一種のいうべからざる妙味をかみしめて、しかる後に、机上の学問を活用する方法を考え、また一方には、心胆を練って、確乎不抜《かっこふばつ》の大節を立てるように心掛けるがよい。かくしてこそ、始めて十年の難局に処して、誤らないだけの人物となれるのだ。

かえすがえすも後進の書生に望むのは、奮ってその身を世間の風浪《ふうろう》に投じて、浮かぶか沈むか、生きるか死ぬるかの処《ところ》まで泳いでみることだ。この試験に落第するようなものは、とうていしかたがないさ。（『氷川清話』）

翌明治三十二年正月十九日、海舟はこの世を去った。墓には遺言によって、「海舟」と二字を刻ませたのみで、爵位（伯爵）や贈位、経歴などは一宇一句も書き加えられなかった。享年は七十七である。

緒方洪庵 1810-63 ―― 福沢諭吉 1835-1901

3 「適塾」の開かれた学問が与えたもの

福沢諭吉（国立国会図書館「近代日本人の肖像」より）

緒方洪庵（大阪大学適塾記念センター蔵）

日本一の私塾を主宰

江戸期の日本人は、教育に関しては熱心であった、といってよい。

庶民の読み書きそろばんを教える寺子屋から、上は徳川幕府の公的な教育機関・昌平黌《しょうへいこう》が存在した（関連36ページ参照）。昌平黌は旗本・御家人のためのものであったが、諸藩の優秀な藩士も願い出れば、入学は許されている。

また、〝三百諸侯〟と称された大名家の多くにも、藩校が設けられ、成績優秀な者は藩外に高名な師を求めて、国内留学することも認められていた。

学問の主流は漢学であったが、幕末に近づくと国学と蘭学——後者のうちでも、蘭方医を志す者の諸国修学が増えている。これには医師が剣術や学問の世界同様、従来の身分を超えられたことが大きかった。彼らは高名な師を求めて、全国の私塾を渡り歩いたが、後世の評価が特段に高いという点では、大坂（現・大阪）の「適々斎塾《てきてきさいじゅく》」（通称は適塾《てきじゅく》）は同時代から、すでに〝日本一〟との評判を取っていた。

この塾は本来、主宰者の緒方洪庵《おがたこうあん》がそうであったように、蘭方の医師を養成する目的で開塾したものであった。が、いつしか「適々斎塾」は、医学をはなれて蘭学一般を教授する塾となり、幕末明治の洋学教育全体に、多大な功績を残すこととなる。

なにしろ門下生は、総計三千人に及び、このなかにはのちに慶應義塾を創始する福沢諭吉や幕末の志士として〝安政の大獄〟で処刑された橋本左内《さない》、第二次長州征伐や戊辰戦争で天才的な軍事指揮官ぶりを発揮した大村益次郎《ますじろう》（前名・村田蔵六）、幕臣からのちに明治政府の外交官となる大鳥圭介《おおとりけいすけ》、日本赤十字社を創設する佐野常民《つねたみ》、明治の衛生学の泰斗ともいうべき長与専斎《ながよせんさい》など、多士済々《たしせいせい》が巣立っていた。

彼らの活躍分野は極めて広域であり、塾生の出身地も全国に及んでいる。

それを受け入れる適塾の立地はといえば、商都大坂にあって、建坪九十坪余り。当時の大坂ではごく普通の町屋規模で、とても立派といえるほどの環境＝建物ではなかった。

建物は表の塾部分と奥の洪庵家族の居住部分に分かれ、表の一階には入り口の土間、玄関。つづいて六畳二間があり、この二間が教室であったようだ。二階は三十畳余の大部屋と十畳の小部屋などからなり、大部屋で塾生は寝起きをし、また独習に余念がなかった。

小部屋には、蘭学には欠かせない『ヅーフ・ハルマ』（蘭和辞典、関連129ページ参照）の写本が、一揃え置かれていたという。

塾生は大部屋の、ほぼ一畳に一人が割当《わりあ》てられていたが、とてもめぐまれた環境とはいえなかった。

しかも、主宰者である洪庵は、ほとんど塾生を教えたことがない。

塾は上級の者が下級の者を導く方法がとられていた。洪庵は多忙であり、ほんのわずかな人々（トップクラス）を指導するのみであった。

にもかかわらず、巣立った出身者の多くは社会に出て成功している。いったい、この塾――その主宰者は、いかなる人物であったのだろうか。

「万民を扶持する方法」を求めた洪庵

緒方洪庵は備中《びっちゅう》国賀陽《かよう》郡足守《あしもり》（現・岡山県岡山市足守町）に、足守藩二万五千石の藩士・佐伯瀬左衛門惟因《これより》の三男として生まれている。父は几帳面で律儀な人であったようだ。

家禄は三十三俵四人扶持《ぶち》であった（現在の年俸に直すと約百六十万八千円）。

洪庵は幼名を騂之助《せいのすけ》といい、通称を三平と称した。十六歳で元服し、佐伯の別姓・田上を名乗っていたこともある。

蔵屋敷留守居役《るすいやく》を命ぜられた父とともに、大坂へ。洪庵は三男で家を継ぐべき立場になかった。そこで身を立てるべく文武の修行に打ち込んだが、『病学通論《びょうがくつうろん》』の序によれば、多病で思うにまかせず、自ら医師を志した、と述懐している。

今年已《すで》に十有七歳。唯碌々《ただろくろく》として更《さら》に一事《いちじ》も深恩《しんおん》に報《ほう》ずる無《な》し。不幸の甚《はなは》しと謂《い》う可《べ》し。且《か》つ願《ねが》わくば、今より三歳（三年）の暇《いとま》を賜《たまわ》らんか否や。若《も》し三歳の暇を賜らば、則《すなわ》ち不肖《ふしょう》と雖《いえど》も医を学ばんと欲する也《なり》。夫《そ》れ医の道は、疾病《しっぺい》を治《ち》するの術。而《しこう》して万民《ばんみん》を扶持《ふち》するの法也《のりなり》。縦令聖為《たといせいな》り、賢《けん》為るの人、若し疾病有れば、則ち如何《いかに》か乎《か》。然《しか》らば則ち医は学ばざる可《べ》からざらん歟《か》。章固《しょうもと》より柔弱《にゅうじゃく》。而して武と為るの質に非《あら》ず。

（梅溪　昇《うめたにのぼる》著『緒方洪庵と適塾』）

当時は、医術の主流はいまだ漢方であったが、洪庵は興隆しつつあった蘭方医を選択。斯界《しかい》の権威であった中天游《なかてんゆう》の主宰する「思々斎塾《ししさいじゅく》」に学ぶ。

洪庵の〝師〟中天游は、医師の家に生まれ、江戸の大槻玄沢《おおつきげんたく》の蘭学塾「芝蘭堂《しらんどう》」で学んだあと、長崎に留学している。さらには京都の稲村三伯《いなむらさんぱく》に就いて学び、自ら文化十四年

（一八一七）に大坂で「思々斎塾」を開いていた。

なお右の三伯は、日本最初の蘭日辞書『ハルマ和解《わげ》』（オランダの書籍商フランソワ・ハルマによる蘭仏辞書をもとに和訳。寛政八年〈一七九六〉刊）の著者として知られる人物。さすがに洪庵の師だけあって、中天游の欧米諸国への関心は、西洋の科学全般にもむけられ、きわめて広かったようだ。

さらに洪庵は師のすすめで江戸に出て、蘭学・医学の大家であった坪井信道《つぼいしんどう》の「安懐堂《あんかいどう》」に入門する。修行中、洪庵は按摩《あんま》や玄関番をしながら苦学し、学資をつないだという。

蘭学塾での教育、教えの中心は語学であり、原典の読解力にあった。

洪庵は修行中、手に入るオランダ語の原書をことごとく読破。持ち前の語学の才能を発揮し、一方で翻訳をいくつも完成させている。「安懐堂」では人体解剖に関する、原典の翻訳にあたった。

さらに、信道の師・宇田川榛斎《うだがわしんさい》にも教えをうけ、薬学の知識を深め、蘭学者との充実した交流も深めて、洪庵は四年後、足守藩へ帰郷する。

ところが間もなくして、〝師〟の天游がなくなり、天游が自らの遺児・中耕介《なかこうすけ》の教育と「思々斎塾」での指導を遺託《いたく》したことから、洪庵は耕介をともなって長崎に留学することに。

この間、ときのオランダ商館長ニーマン（天保元年〈一八三〇〉来日、同五年から九年まで商館長）と交流を結び、オランダ人医師に会って、直接、疑問点を尋ねたりしている。

蘭方医の修行は順調でめぐまれたものであったが、時勢はいまだ蘭学修行に否定的であり、当時、脱獄逃亡中の高野長英《ちょうえい》の探索の目は、洪庵にも厳しく向けられていたという。

洪庵が塾生に説いた「医は仁術」

二十七歳で「緒方洪庵」と、正式に改名。二年後の天保九年三月、大坂は船場の瓦町《かわらまち》（現・大阪市中央区瓦町）で蘭方医を開業するとともに、彼は門弟をとり始めた。入塾する者が四、五十名。うち、外宿通学生十七、八名という盛況となった（武谷祐之《たけやゆうし》著『南柯一夢《なんかいちむ》』）。

洪庵は「己れの心に適《かな》うところを楽しむ」の心境を号とし、適々斎と称したことから、塾はいつしか「適々斎塾」と呼ばれるようになった。

筆者はこの命名に、〝師〟中天游への敬慕の念、「思々斎塾」への追慕を思うのだが、読者諸氏はいかがであろうか。

塾は当初、先述のごとく船場瓦町にあったが、のちには船場過書町《かしょまち》（現・大阪市中央区北浜）に移転開業・開塾している。

適塾の周囲には、諸藩の蔵屋敷が多く、洪庵の名声が広がるにつれ、そうした蔵屋敷からの入門者も増えていった。

洪庵は常に、

「医は仁術《じんじゅつ》である」

ということを塾生に、最もやかましく語り、自らにもその実践を強《し》いた。

一、医の世に生活するは人の為《ため》のみ、おのれがためにあらずといふことを其業《そのわざ》の本旨《ほんし》とす。安逸《あんいつ》を思はず、名利《みょうり》を省《かえり》みず、唯《ただ》おのれをすてて人を救はんことを希《ねが》ふべし。

二、病者に対しては唯《ただ》病者をるべし。貴賤富貴《きせんふうき》（貧富《ひんぷ》）を顧《かえり》みることなかれ。長者一握《ちょうじゃいちあく》の黄金《こがね》を以《もっ》て、貧士双眼《ひんしそうがん》の感涙《かんるい》に比するに、其心《そのこころ》に得るところ如何《いかん》ぞや。深く之《これ》を思ふべし。

〈三・四・五略〉

六、不治《ふぢ》の病者も仍其患苦《よってそのかんく》を寛解《かんかい》し、其生命《そのいのち》を保全《ほぜん》せんことを求むるは、医の職務なり。棄《す》てて省みざるは人道に反す。たとひ救うこと能《あた》はざるも、之《これ》を慰《い》するは仁術《じんじゅつ》なり。

片時《かたとき》も其命を延《のべ》んことを思ふべし。決して、不起《ふき》を告ぐべからず。言語容姿みな意を用いて、之を悟らしむることかれ。（同上『緒方洪庵と適塾』）

右は、ドイツの医学者クリストフ・ヴィルヘルム・フーフェラントの著作『医学全書』の蘭訳（一八三八年版）を、洪庵が天保十三年頃に訳了した『扶氏《ふし》経験遺訓』の一節であったが、この遺訓を彼は生命《いのち》懸けで実行しようとする。

洪庵は当時、猛威をふるっていた天然痘《てんねんとう》に対しても、その予防法である種痘《しゅとう》を日本で本格的に広めた一人であり、日本の公衆衛生運動を先駆けた人物といってもよい。

コレラが大流行したおりも、この律義で実直な医師は、当時としては最新のコレラ治療法を夜を徹して執筆。『虎狼痢治準《ころりちじゅん》』と題して、広く天下の人々に配布した。

「適々斎塾」の〝自学主義〟について

洪庵の名医としての評判、教育者としての実績が、全国から質の高い塾生を吸いよせたが、当の洪庵は前述したごとく、めったに塾生を直接、教えることはせず、自らの意思と努力で学ぶ〝自学《じがく》主義〟を採用。塾は先輩が後輩を指導し、一方では互《たが》いに競い合う方式がとられていた。

入門に試験はなかったが、身元引受人が必要であった。入門に際しては「束脩《そくしゅう》の儀《ぎ》」が行われた。入学金に菓子折りを添えて入門を願い出、師弟の関係を取り結ぶ。

洪庵には金二分《にぶ》（一両の半分・現在なら約二万円）、ときの塾頭にはその四分の一が支払われた。原則として月謝は取らず、節句の謝礼（年五回）が慣例であったようだ。

長与専斎の『松香私志《しょうこうしし》』などによると、安政元年（一八五四）には適塾の塾生は百人を超えていたようで、学びの中心に「輪講《りんこう》」という講読会がおかれていた。

まず、塾生が学力レベルによって八級に分けられ、各クラスごとに毎月、定められた日に計六回の定例日が設定されている。当日は籤《くじ》で席順を決めたあと、成績トップの者が数行のオランダ語の原書を翻訳して講義し、次の者がこれに質問して議論が行われる。この要領で一巡して質問と議論がくり返され、一問ごとに「会頭」が勝敗を判定してゆく。

この「会頭」には、塾頭や塾監（副塾頭に相当）など上級者があたり、勝った者には白丸、負けた者には黒丸、自分の分担部分を誤りなく翻訳して読み終えた者には、一応の合格として白い三角が与えられた。

そのうえで、クラスごとの成績が出されて、これが月末に集計され、三カ月連続してトップの成績をあげると、上のクラスに進むシステムとなっていた。

白丸の多い者が上席となり、成績順に部屋の場所割りが行われたようだ。窓ぎわの人に踏まれることのない、よい環境を占めるためにも、人よりすぐれた成績が必要であった。

徹底した能力主義であった、といえる。そのため塾生たちは猛勉強をしたが、その行動や生活を縛る規則はなかった。しかも、

「一語一句たりとも私《ひそか》に人の教えを乞ふが如き卑劣のことをなすものなく、皆、自分一己《いっこ》の工夫を凝《こ》らして学力を闘わす」（『松香私志』）

といった塩梅で、自学主義が貫かれていた。

なお、洪庵の適塾が蘭方医を育成する方向から、大きく旋回する機縁となったのが、嘉永六年（一八五三）のペリー来航であったことも特筆しておくべきかもしれない。

実《じつ》に此節柄《このせつがら》天下之御一大事《おんいちだいじ》。二百余年之恩沢《おんたく》に浴しながら、うかうかと寝食を安んじ居候《いそうろう》時節《じせつ》には無之《これなく》、身分相応之忠節《ちゅうせつ》は尽《つく》し度《た》き事《こと》に有之候《これありそうら》へ共《ども》、蛆虫《うじむし》同然の身分、何をいたし候ても更《さら》に省《かえり》みる人も有之間敷《これあるまじく》、唯慷慨而已日《ただこうがいしていじつ》を暮らし候事なり、併《しか》し、野生

が如《ごと》き遊民《ゆうみん》、虚《むな》しく遊民にて過ごし候事恐多《おそれおお》く存じ、当時は病用相省《びょうようあいはぶ》き、専《もっぱ》ら書生教導いたし、当今必要之西洋学者を育立《そだてたて》候《そうろう》積《つもり》に覚悟し、先《ま》づ是《こ》れを任といたし居申候《おりもうしそうろう》。
（緒方富雄・梅溪昇・適塾記念会編『緒方洪庵のてがみ』その三）

本書登場の大半の人々と同様に、洪庵にとっても〝黒船〟は「天下之御一大事」であった。泰平の世に眠りこけているような場合ではない。「身分相応之忠節」を尽さなければならない。洪庵は自らを「蛆虫同然の身分」といいながら、それでも国難に遭遇したからには、やるべきことがある。「専ら書生を教導いたし」、いまの時代に必要な「西洋学者を育立候積」と誓いを立てた。

この時代の「当時」は、「いま」という意味である。いまは診療活動を控えても、と洪庵は適塾で教える意義を己れのつとめと考えていた。

洪庵の〝弟子〟福沢諭吉

洪庵は、塾生の自らに打克《うちか》ち、努力する姿を見守りながら、ときに質問にくる上級の塾生を教え、学業のなった者には就職先＝幕府や諸藩を斡旋《あっせん》する労をとっていた。

また、よりレベルの高い学問を目指す者には、しかるべき人物に推薦状を懇切丁寧に書いている。適塾では塾生のトップが「塾頭」であり、右の蘭方医から洋学一般へと大転換した適塾の、歴代「塾頭」をつとめた一人が、福沢諭吉であった。

天保五年十二月（一八三五年一月）、彼は豊前《ぶぜん》国（現・福岡県東部と大分県北部）中津藩奥平家の、大坂蔵屋敷で生まれていた。父の百助《ひゃくすけ》は儒学者・帆足万里《ほあしばんり》に学んだ人であったが、十三石二人扶持の軽輩で、その才能を伸ばすことができなかった（福沢が三歳のおり、他界している）。


たとえば、父の生前にこういうことがある。今から推察すれば父の胸算《きょうさん》に、福沢の家は総領に相続させる積《つも》りで宜《よろ》しい、ところが子供の五人目に私が生まれた、〈中略〉父が大層喜んで、「これは好《い》い子だ、この子がだん〳〵成長して十《とお》か十一になれば寺に遣《や》って坊主にする」と、毎度母に語ったそうです。そのことを母がまた私に話して「アノ時阿父《おとっ》さんは何故《なぜ》坊主にすると仰《お》ツしゃったか合点《がてん》が行かぬが、今御存命《ごぞんめい》なればお前は寺の坊様になってる筈《はず》じゃ」と、何《なに》かの話の端《はし》には母がそう申していましたが、私が成年の後《のち》その父の言葉を推察するに、中津は封建制度でチャント物を箱の中に詰めたように秩序が立っていて、何百年経《た》っても一寸《ちょい》とも動かぬという有様、家老の家に生まれた者は家老になり、足軽の家に生まれた者は足軽になり、先祖代々、家老は家老、足軽は足軽、その間に挟《はさ》まっている者も同様、何年経っても一寸とも変化というものがない。ソコデ私の父の身になって考えてみれば、到底どんなことをしたって名を成すことは出来ない、世間を見れば茲《ここ》に坊主というものが一つある、何でもない魚屋の息子《むすこ》が大僧正になったと云うような者が幾人《イクラ》もある話、それゆえに父が私を坊主にすると言ったのは、その意味であろうと推察したことは間違いなかろう。（福沢諭吉著『福翁自伝』）

能力や才能を持ちながら、それが活されず、身分制度の中で押しつぶされそうになる。

そうした気持ちを福沢は、

「私のために門閥制度は親の敵《かたき》で御座る」（同右）

といい切った。福沢の生涯を貫くバックボーン＝身分制の打破は、その環境から発芽したものといってよい。

父の死後、中津（現・大分県中津市）に引き揚げた福沢は、当主となった兄のもとで、下駄造りや畳の表替え、屋根の修理など、生活のための手間仕事に精を出した。

もし、彼が学問への道を歩まなければ、手先の器用な貧乏士族として、無名の生涯を終えたに違いない。
十四、五歳で白石照山《しらいししょうざん》のもとへ入門し、漢書を学んだのを皮切りに、福沢は学問の道を広げて行く。加えて幸運にも、時期が前述のペリー来航と重なった。

師・洪庵の真心にふれる

各藩は〝海防〟の対応策として、洋式軍事の技術導入、教練を余儀なくされたが、中津藩では福沢の兄・三之助《さんのすけ》が藩命を帯び、安政元年（一八五四）に長崎へ旅立っている。

福沢はこれに同行、オランダ通詞《つうじ》（通訳）の許へ足繁《あししげ》く通い、翌年三月には洪庵の「適々斎塾」に入門している。二十歳であった。いうまでもなく、福沢は猛勉強、自学主義を貫いた。

ところがその福沢が、腸チフスにかかってしまう。岸直輔という塾の先輩が腸チフスにかかり、懸命に看病したものの助からず、火葬まで行ってのち、今度は福沢が煩《わずら》い、病床について。このとき彼は、〝師〟洪庵の真心《まごころ》にふれる。

容体《ようだい》がドウモただの風邪《かぜ》でない。熱があり気分が甚《はなは》だ悪い。ソコデ私の同窓生はみな医者だから、誰かに見て貰ったところが、これは腸チブスだ、岸の熱病が伝染したのだと言うている間に、そのことが先生（洪庵）に聞えて、そのとき私は堂島の倉屋敷の長屋に寝ていた、ところが先生が見舞に見えまして、いよ〳〵腸チフスに違いない、本当に療治しなければこれは馬鹿にならぬ病気であると言う。

それから私はその時に今にも忘れぬことのあるというのは、緒方先生の深《しん》（親）切《せつ》。「乃公《おれ》はお前の病気を屹《きっ》と診《み》てやる。診てやるけれども、乃公が自分で処方することは出来ない。何分にも迷うてしまう。〈中略〉しまいには何《なん》の療治をしたか訳《わ》けが分らぬようになるというのは人情の免《まぬが》れぬことであるから、病は診てやるが執匙《しっぴ》（執刀する）は外《ほか》の医者に頼む。そのつもりにして居《お》れ」と言って、先生の朋友、梶木町《かじきまち》の内藤数馬《かずま》という医者に執匙を託し、内藤の家から薬を貰って、先生はただ毎日来て容体を診て病中の摂生法を指図するだけであった。マア今日の学校とか学塾とかいうものは、人数も多く迚《とて》も手に及ばないことで、その師弟の間はおのずから公《おおやけ》なものになっている、けれども昔の学塾の師弟は正《まさ》しく親子の通り、緒方先生が私の病を見て、どうも薬を授くるに迷うというのは、自分の家の子供を療治してやるに迷うと同じことで、その扱いは実子と少しも違わない有様であった。〈中略〉私は真実緒方の家《うち》の者のように思い、また思わずには居《お》られません。ソレカラただいま申す通り実父同様の緒方先生が立会《タチアイ》で、内藤数馬先生の執匙で有らん限りの療治をして貰いましたが、私の病気もなか〳〵軽くない。煩《わずら》いついて四、五日目から人事不省《じんじふせい》、およそ一週間ばかりは何も知らないほどの容体でしたが、〈中略〉歳は若《わか》し、平生身体《からだ》の強壮なそのためでしょう、回復はなか〳〵早い。モウ四月になったら外に出て歩くようになり、その間に兄はリョウマチスを煩《わずら》って居《お》り、私は熱病の大病後である、どうにも始末が付かない。(『福翁自伝』)

福沢は兄に付き添って一度、帰藩。再び藩の許可を得て、適塾の住み込み書生となったが、この間に兄が亡くなったため、福沢は当主となる。

兄の死についで母の病気、さしもの福沢もどうしていいかわからず、途方に暮れて洪庵に相談すると、「食客で戻ってこい」という。どれほど福沢が嬉しかったであろうか。生涯、彼はこの〝師〟の恩を忘れることはなかった。

福沢の刻苦勉励

〝師〟の言葉に感激した福沢の、想像を超えた猛勉強が始まる。

当時の適塾は蛮カラ書生の集まりであり、大いに酒は飲む、乱暴狼籍は絶えなかった。が、その半面、福沢は次のように弁明している。

「学問勉強ということになっては、当時世の中に緒方塾生の右に出る者はなかろうと思われる」（同右）

なるほど、この塾に集った人々ほど、真剣に勉強した集団もなかったろう。

ついぞ枕をしたことがない、というのは、時は何時《なんどき》でも構わぬ、殆《ほと》んど昼夜《ちゅうや》の区別はない、日が暮れたからといって寝ようとも思わず、頻《しき》りに書を読んでいる。読書に草臥《くたび》れ眠くなって来れば、机の上に突《つ》っ臥《ぷ》して眠るか、あるいは床《とこ》の間《ま》の床側《とこぶち》を枕にして眠るか、ついぞ本当に蒲団を敷いて夜具《やぐ》を掛けて枕をして寝るなどということは、ただの一度もしたことがない。（同右）

これだけを聞いていると、読者の中には適塾の〝自学主義〟を、その後の「昭和」「平成」「令和」の受験勉強と比べて、連想される方がいるかもしれない。

確かに、福沢たちも立身出世を願っての努力に間違いはなかった。が、彼ら適塾に学んだ塾生たちは、一方において、差し迫る日本の危機、滅亡とも戦っていた。

自分たちが頑張らなければ、国が滅びてしまう、と彼らは本気で思い込んでいたのだ。

そんななかで福沢は、この厳しい競争を勝ち抜き、二十二歳で塾頭となったのである。

その後、江戸に出た彼は、築地《つきじ》の鉄砲洲《てっぽうず》にあった中津藩邸で蘭学を教えている。自負心の強い福沢は、このおりの心境を、

「江戸に学ぶに非ず。教うるなり」

と天にも昇る鼻息であった。

ところが、横浜にあった外国人居留地へ出掛けたところ、得意の蘭語でかたっぱしから外国人に話しかけたものの、さっぱり通じない。

時代はすでに、オランダ語を中心としておらず、英語の時世へと移っていたのだ。

福沢は一念発起して、2章の佐久間象山同様に、一から英語を自習した。

そこへ万延元年（一八六〇）、日本人初のアメリカ派遣使節団の話が伝えられる。四方

八方に手を尽くした福沢は、正使の乗る米艦「ポーハタン」ではなく、僚艦《りょうかん》の幕府軍艦「咸臨丸《かいりんまる》」で提督をつとめる木村摂津守喜毅《せっつのかみよしたけ》の、私的従者の資格で乗船の許可を得た。

この船には艦長として、2章でみた勝海舟も乗り組んでいた。

福沢の教育に受け継がれた〝師〟の教え

アメリカ滞在中、福沢は合衆国初代の大統領ジョージ・ワシントンの子孫は、現在どうしているのか、と尋ねてまわったが、誰も知る者がいない。

福沢は大いなる感慨を、このおりに抱く。

「天は人の上に人を造らず、人の下に人を造らずと云えり」(『学問のすゝめ』)

明治の日本人の、十人に一人が購読したという大ベストセラーの冒頭が、著者の福沢に実感されたのは、おそらくこの時であったろう。

この渡米が、それからの彼の生き方、方向を決定づけたといってよい。

帰国後、その洋学の才を買われた福沢は、「蕃書調所」に入って幕臣となり、さらに軍艦購入のために欧米諸国をめぐる一員に選ばれ、自らの語学・知識を磨くと共に、慶応二年（一八六六）初冬には『西洋事情』を著して、開国した日本人に多大な寄与を為《な》している。帰朝後、大政奉還下の幕府に〝御暇願《おいとま》い〟（退職届）を出した福沢は、慶応四年六月、明治維新にあたって中津藩の禄も新政府の招きもうけず、私塾「慶應義塾」を開設。若い人たちに西洋の学問を教えることに専念した。モデルは「適々斎塾」であったかと思われる。

福沢の心底には、師の洪庵の教え——何のために学ぶのか、教育の根本があったはずだ。

それ以前の文久二年（一八六二）八月、五十三歳の洪庵は一介《いっかい》の町医から、ふいに幕府に召されて奥医師兼西洋医学所頭取となった。

医者にとって、最高の栄誉といっても過言ではなかったろう。

だが、「己れの心に適うところを楽しむ」——そういう生き方をして来た洪庵にとっては、ありがた迷惑であったようだ。お上の命令とあって、しかたなく江戸へ出たものの、十カ月後、彼は過労のために血を吐いて倒れ、翌年六月十日にこの世を去ってしまった。享年は五十四である。

これは明治維新の五年前のことであり、洪庵は残念ながら新しい時代を見ることができずに、亡骸《なきがら》となって江戸駒込高林寺《こうりんじ》（現・東京都文京区向丘《むこうがおか》）に丁重に葬られた。

しかし、適塾の開塾以来、彼の二十五年間で育てた幾多の人材は、新生日本が必要とした、ありとあらゆる分野に進出。明治日本を前進させ、文明開化をリードし、洪庵の抱いた欧米列強への怖れに対抗して、各界の創始者ポストを占めることになる。

その一人、〝師〟の教えをしっかりと受けとめた福沢は、教育者として後進の指導にあたる半面、国民の啓蒙活動に懸命の努力をはらった。筆者にはその姿が、〝師〟洪庵にダブる。

福沢は日本の言論界に多大な功績を残して、明治三十四年(一九〇一)二月、この世を去った。享年は六十八である。〝師〟より十四歳、長く生きたといえる。

4 禅と陽明学が幕府を瓦解させた

無参禅師・王陽明・大塩平八郎・

島津斉彬・藤田東湖―西郷隆盛

1827-77

西郷隆盛（国立国会図書館「近代日本人の肖像」より）

王陽明 1472-1529

大塩平八郎（大阪城天守閣蔵） 1793-1837

島津斉彬（尚古集成館蔵） 1809-58

藤田東湖（茨城県立歴史館蔵） 1806-55

突きつけられる真実に、狼狽《うろた》える幕府

「歴史は例証による哲学である」

といったのは、紀元前一世紀後半、古代小アジア・ハリカルナッソスの歴史家ディオニュシオスであった。歴史的事実そのものは、くり返すことはないが、歴史の原理・原則、パターンは常にくり返されるものだ。たとえば、

「政治というものは、あらかじめ政策を立て、それに基づいて着々と事を運んでいくというものではない。政治の実態は突然事件が勃発して、それにうろたえていろいろ間に合わせる方策を立てていくものである」

といった2章のナポレオン一世の言――、蓋《けだ》し（思うに）名言であったといえる。

とくに、嘉永六年六月三日（西暦一八五三年七月八日）に浦賀（現・神奈川県横須賀市）へ出現したペリーの〝黒船〟四艘から始まる、幕末動乱の本格的幕明けを、後世から思い浮かべると、本当にその通りだ、と頷いてしまう。

ペリーの来日は、『和蘭風説書』（関連90ページ参照）を通じて、幕府にはすでに一年前

に伝えられ、特使（オランダ商館長）クルティウスが嘉永五年六月には、わざわざ来日していた。にもかかわらず、何一つ手を打たず、目の前に突然、姿を現した欧米列強の脅威の象徴＝蒸気軍艦をみて、幕府の当路者《とうろしゃ》（重要な地位にある人）たちは恐慌《パニック》となった。

なにしろ日本の大砲の飛距離が八百メートルしかないのに、ペリーの黒船に搭載されているペクサン砲は、三キロから三・五キロの飛距離を誇っていた。わかりやすくいえば、彼らの碇泊していた品川沖から、江戸城の本丸を一撃で破壊できるということである。

なまじ蘭学による知識を持っていただけに、実物をみて驚嘆した幕府官僚たちは、度肝を抜かれて、どうしていいかわからず、気がつけば日米和親条約を締結。それを誘い水に、ハリスが乗り込んで来ると、なし崩しに日米修好通商条約を結ばされてしまう。

前者は人道的立場から水や船を動かす燃料を、互いに融通し合いましょうという、〝鎖国〟の国是を揺るがすことのない条約であったが、後者は〝通商〟――すなわち開国を要求しており、これを呑むということは、国是を揺るがすことになってしまう。

俄然、国論は割れ、開国と鎖国――そのための攘夷《じょうい》運動が噴きあがり、頼りない幕府にかわって朝廷こそ、と日本を未曾有の混乱に陥れることとなった。すべては、幕府の狼狽《ろうばい》から事は起きていた。対処する度胸や心構え、機転、勇気が、幕閣になかったのである。

世の人々の、病気になるときに似ている。

「世人の通病《つうへい》、事に先んじては体怠《たい》り神昏《くら》し。事に臨んでは手忙《てせわ》しく脚乱《あしみだ》る。事を既《お》へては意散《いさん》じ心安んず。これ事の賊なり」（呂坤《りょこん》著『呻吟語《しんぎんご》』）

身につけるのは心の余裕

病気が起きる前兆に気づかず、身体はなまけ、精神もぼんやりして、なんとかなる、大したことはない、と根拠のない言い訳を口にしてその日暮らしをつづけていると、突然、「あなた病気ですよ」と医者に告げられ、愕然として、どうしていいかわからなくなる。

こういうときは、腰を落ちつけ、精神力を練るしかない。これから何事かを成さんとする人は、まず、基本として心身を鍛錬しなければ、具体的な行動に移ってから、慌てふためくことになりかねない。準備運動をしないで、いきなり試合に臨むようなものだ。

――鎌倉時代から、武士の中で用いられ、流行したのが禅であった。

幕末明治の英傑の多くも、座禅を組んで自らを鍛えた。

その代表格が、明治政府より重い、とその存在感を畏敬された西郷隆盛であったろう。

彼の従弟・大山巌《おおやまいわお》（西郷より十五歳年下・日露戦争時の満州軍総司令官）は、次のような思い出を語っている。

鹿児島における予（大山巌）の家は、西郷の家に接近していたので、予は六、七歳の頃から西郷に従い、読書や習字を教わった。その頃の西郷は禅を学んでいた。予が朝早くその家（西郷家）にいたると、西郷は既に草牟田《そうむた》の誓光寺の住職無参《むさん》上人のもとに赴き、（禅の）講習を終って帰宅して居るのを常とした。（『元帥公爵大山巌』）

西郷の禅に関しては後年、安政五年（一八五八）十一月、ともに錦江湾《きんこうわん》（鹿児島湾の別称）に身を投げ、ともに入水自殺をはかった僧月照《げっしょう》も、

「西郷の禅学は深くはないが、よく真味を悟っていた」

という意味の証言をしている（このおり西郷は息を吹き返し、月照は水死している）。

いずれにせよ、西郷の生死を顧みない人間修行には、禅の効用があった。

彼の禅の師に、一歳年下の友人・吉井友実《よしいともざね》の叔父にあたる、無参禅師がいた。

この人は嘉永四年（一八五一）に六十九歳で没しているから、西郷は長い期間にわたっ

てその教えを受けてはいない。二十歳前からせいぜい五年――だが、ひきつづき無参の弟子・日参《じっさん》にも学んでいたから、無参の禅には相応の思い入れがあったのであろう。

――西郷が己れの〝師〟となる禅師を訪れた際、一つの挿話《エピソード》が生まれている。

訪《おとな》いを入れ、その取り次ぎが奥へ入ったまま、二、三時間たっても何らの返事もない。たまりかねた西郷は、無断で僧房に通ると、そこに無参らしき僧が静座、黙想に耽っているのを発見する。西郷は礼を尽くして、

「武士らしく生きるには、どのようにすればよろしいか」

と、教えを請うた。が、無参は黙して答えず、ただ座っている。

明らかに、己れは軽んじられた、と思い込んだ西郷は、若かったこともあろう、いきなり鉄拳をもって、無参を殴打しようとした。拳《こぶし》をふりかぶった、その刹那《せつな》である。

「喝《かつ》」と鋭い声が飛ぶ。激語《げきご》、無参がどなりつけたわけだ。「喝」は中国・宋代の俗語で、日本語にすれば「ばかやろう」というほどの意味となる。西郷は虚を衝かれて、腰を抜かさんばかりに驚き、座り込む。しかし依然、無参は動かぬまま。そのままでただ一言、

「禅の悟りは、振り上げた一拳の刹那にあり」

といい、瞑想をつづけた。

禅の教え方

のちになって西郷は、

「一喝されて、はっと思った刹那に豁然《かつぜん》と光明の天地が開け、雑念が吹き飛んだ」

と語り、これこそ悟りだ、と禅に惚れ込んだという。

その西郷も読んだ、有名な禅書に『碧巌録《へきがんろく》』（『碧巌集』とも）がある。

これは日本で最も知られた禅書で、中国の宋代につくられたもの。この中の第二十六則にあるのが、有名な「独坐大雄峰《どくざだいゆうほう》」という公案《こうあん》（考える手がかりとなるように示す、禅の師の挿話）であった。

「僧、百丈《ひゃくじょう》に問う、如何《いか》が是《こ》れ奇特の事。丈《じょう》云う、独坐大雄峰。僧礼拝す。丈、便《すなわ》ち打《だ》す」

（原文を筆者読み下す）

筆者は学生時代、幾度か禅寺に座禅を組みにいき、住職らに右の解説を長々ときいたが、簡単にいうと、唐の時代に百丈懐海《えかい》という高僧がいたという。現在の江西省の百丈山《ひゃくじょうざん》（「はじょうざん」とも）にいたので、百丈禅師と呼ばれた。

まだ、禅が独立した宗派となる前の頃で、この百丈こそが禅宗を開いた人だという。百丈山は別名を、大雄山《だいゆうざん》といった。

あるとき、一人の修行僧がやって来て、百丈和尚に訊《き》く。先にいう「奇特」とは、これも当時の俗語で、今なら「何か変わったことはありませんか」というほどの意味となる。

すると和尚は、「独坐大雄峰」――拙僧がこの寺にいて坐っている、これぐらい変わったことはあるまい、と答えた。当意即妙《とういそくみょう》というやつである。

予期せずして、バッタリ出会った＝つまり、奇特ではないか、と和尚は答えたわけだ。

それを聞いた修行僧は、ハッとして、先の西郷ではないが、豁然《かつぜん》と光明の天地が開け、思わずお辞儀をした。ところが百丈和尚は、無参の「喝」のかわりに、間髪を入れずにビシャッ、と修行僧を打ったのであった。

「お辞儀をしたが、おぬし、本当にわかったのか」

というわけである。

西郷もそうであったが、一癖ある者、生意気な若者、へそ曲りな人間に、真理をいくら説いて聞かせても、あまりその心底にまでは届かない。

ならば、と相手がハッとするような驚き、「喝」を入れるところに禅の特徴があった。

禅の開祖・達磨大師のころは、「棒喝」をもって蒙《もう》を啓《ひら》いたようだが、やがて師たるものは「喝!」となるようになった。

西郷隆盛の土台を創った陽明学

西郷隆盛が無参禅師に学ぶかたわら、懸命に修得につとめたのが、精神の糧《かて》となった陽明学である。十代後半の西郷に、陽明学の手ほどきをした人物としては、同じ方限(城下士の居住区を分けた単位)の伊東茂右衛門(祐之《すけゆき》・潜龍洞)が知られている。

彼は2章でも登場した佐藤一斎《いっさい》の門人、荒川秀山《しゅうざん》(日向《ひゅうが》国都城《みやこのじょう》出身)に陽明学を学び、中江藤樹《なかえとうじゅ》ら先人の言行録を集めた『余姚学苑《よようがくえん》』(三冊)を著していた。

伊東は西郷や大久保利通らに、王陽明の『伝習録《でんしゅうりょく》』を講述したと伝えられている。

ちなみに西郷は、佐藤の『言志録』も丹念に愛読していた(関連100ページ参照)。

なお、西郷は大久保の父・次郎右衛門(利世《としよ》)にも陽明学を学んでいた。

薩摩藩のお家騒動「お由羅《ゆら》騒動」の中で、処罰された藩士が潔く切腹して果てる中、それでは後日の証言ができぬ、と自死を拒絶して島流しの刑を甘んじて受けたのが、次郎右衛門という人物であった。

彼も伊東も、先の無参禅師と交流があった。

明治維新が成ってのちの、ことである。西郷を慕ってわざわざ鹿児島まで教えを乞いにきた庄内藩士たちに、志ある者の生き方について、西郷は次のように語っていた。

「道を行う者は、固《もと》より困厄《こんやく》に逢うものなれば、如何なる艱難《かんなん》の地に立つとも、事の成否、身の死生抔《など》に、少しも関係せぬもの也《なり》」（『南洲翁遺訓』）

意味はわかりやすい。正しい道を行う者は、世間の人々が挙《こぞ》って非難しても、己れを信じて、自己を否定するような弱音は吐かないし、逆に誉めそやされても、自己満足することはない、との意味である。さらに別のところで西郷は、こうも述べていた。

「勇は必ず養う処《ところ》あるものなり。孟子云《もうしい》はずや、浩然之気《こうぜんのき》を養《やしな》うと。此《この》気養わずんば、あるべからず」（同上）

勇気は必ず、養って高める必要がある。孟子も申されている、「浩然の気」を養うというのはこのことである、との西郷による念押しであった。

ここでいう「浩然の気」とは、義を以《もっ》て養いえた俯仰《ふぎょう》天地に愧《は》じない（反省して、自らにやましいところがない）、それどころか、広々とした豊かな思い、気持ちのこと。

「自ら反《かえり》みて縮《なお》くんば千万人と雖《いえど》も吾往《われい》かん」（『孟子』公孫丑《こうそんちゅう》〈上〉）である。この孟子の教えは、そのまま西郷の心情でもあり、明治日本を担った人々の共通の思い、志でもあった。

『孟子』は『論語』『大学』『中庸《ちゅうよう》』と共に、〝四書〟に数えられている。これに『易経《えききょう》』『詩経』『書経』『礼記《らいき》』『春秋』の〝五経〟を加えて、江戸時代は儒教の聖典の総称とした。明治に活躍した人々は一面、例外なく〝四書五経〟によって鍛えられて、精神の基本（人間とはどうあるべきか）のデッサンを身につけていた。本書では広く、〝四書五経〟のエッセンスについても述べているつもりである。

右の孟子は、孔子の学問を継いだ曾子《そうし》の学統・子思《しし》（孔子の孫）の門人に教えを受けた人物であった。とにかく師としての孟子は、言辞《げんじ》が矯激《きょうげき》（極端に過激）であった。が、この彼をも凌《しの》ぐ論鋒《ろんぽう》の激しい教師に、明の時代の浙江省余姚《せっこうしょうよよう》の人、王陽明《おうようめい》がいた。

求めるのは「知行合一」

「山中の賊《ぞく》を破るは易《やす》く、心中の賊を破るは難《かた》し」

西郷や大久保、吉井幸輔《よしいこうすけ》（友実《ともざね》）、さらには伊地知正治《いじちまさはる》、有村俊斎《ありむらしゅんさい》（のち海江田信義《かえだのぶよし》）といった薩摩の人々が、自らの〝志〟を守る規律に選んだのが陽明学であった。

この陽明学の祖・王陽明は、名を守仁《しゅじん》。この人物は西郷の心の師といってもよかった。

若い頃、陽明はおよそ学者の片鱗もうかがえない放逸無頼《ほういつぶらい》な人で、人生に歩み迷い、任侠道に足を踏み入れたり、武術に熱中したり、詩作にも惑溺《わくでき》するなど、はては仙人の法についても研鑽したという。仏法、神の道にも興味を示し、ウロチョロしたあげく、ついには儒学に落ち着いた。

もっとも陽明は、先人の学問を黙々と継承するには覇気がありすぎたようだ。従来の儒学である孔子の教えに飽《あ》き足らなくなり、ついには独自の学派を開くにいたった。

「天下のこと、万変と雖《いえど》も、吾《わ》が之《これ》に応ずる所以《ゆえん》は喜怒哀楽の四者を出《い》でず。此《こ》れ、学を為《な》すの要《かなめ》にして、而《しか》して（そうして）政《まつりごと》を為すも亦《また》共の中に在り」（王陽明が弟子の王《おう》純甫《じゅんほ》に与えた手紙より）

人生はさまざまだが、所詮《しょせん》は喜怒哀楽の域を出ないものだ、と悟った陽明は、開き直るように、ではいかに生きるかの原理・原則を打ち立てようとした。

そして生み出したのが、「知行合一《ちこうごういつ》」であった。この知識と行動は一致していなければならない、とする激越な思想は、自身が官吏・政治家・軍人を遍歴するなかで（最後は南京兵部尚書《ナンキンへいぶしょうしょ》＝陸軍大臣控え）、陽明が身につけた体験によるものであったともいえる。

先の海江田信義の『維新前後実歴史伝』によると、西郷は十代の後半から、この王陽明の語録である『伝習録』を友人たちと輪読し、ひどく王陽明を敬慕し、わが師とあがめたというが、これなども今日からみると、両者の経歴——官吏、政治家、軍人と人生を体験した軌跡が、非常に似通っていたことに気づく。

また陽明学にとって、薩摩の風土はお誂《あつら》え向きであったようにも思われる。

「泣こかい飛ぼかい、泣こよかひっ飛べ」

郷中《ごじゅう》という独特の教育システム（ボーイスカウトの源流のような、先輩による後輩の教育）もそうだが、島津家中興の祖である日新公《じっしんこう》・島津忠良《しまづただよし》が、家中の人々に、人としてあるべき道を諭した「いろは歌」もしかり、

いにしへの道を聞きても唱へても　わが行《おこない》にせずばかひなし

この文意はそのまま、「知行合一」を語っていた。

右の「泣こよかひっ飛べ」は、もともとは鹿児島の戦前、子供の遊びであったという。飛びおりるにはやや危険がともない、大怪我はしないまでも、すり傷は当然、場合によっては怪我しそうな高さから、右のかけ声を放って子供たちが飛びおりるのだそうだ。

いわば薩摩隼人《はやと》は、「知行合一」を幼少の遊びのなかですでに、繰り返していたといえなくはない。可能、不可能を論じないで「――せねばならぬ」「――やるんだ」の覚悟を、日常から磨いていたわけだ。

「令和」の時代には、とんでもない、と拒絶されるかもしれないが、歴史の長さでいえば、実践していた時代の方が、はるかに長いことを忘れてはなるまい。

陽明学の泰斗・大塩平八郎

ただし、陽明学を手放しで支持することはできない。

この学派はその性質上、人間を行動に駆りたてる狂気のような電磁性を持っていた。現世において、己れの生命《いのち》をどう燃焼させるか、を思考するこの学派は、結論さえ得れば全身を炎と化して、真っしぐらに突きすすむ。「死狂《しにぐる》い」(『葉隠』)である。劇薬といってよい。

——大塩平八郎が、その好例であろう。

中江藤樹から熊沢蕃山《くまざわばんざん》へと伝えられた日本の陽明学は、朱子学が幕府の正統的学問となって以来、長い間、歴史の表舞台からは姿を消していた。

それがふいに、尊王倒幕派の出現する三十年ほど前に、再び姿を現わす。

西郷が十一歳のおりに、非業《ひごう》の最期《さいご》をとげた元大坂天満《てんま》の奉行所与力＝大塩平八郎は、西郷が一番尊敬する人＝〝師〟と仰いだ人物でもあった。

昌平坂学問所の佐藤一斎に宛てた手紙では、町の儒学者に句読《くとう》を学んだ、と大塩はいい、ほぼ独学で彼は自己の学問を形成した人であった。〝師〟が見当たらない。しいていえば、別項でもふれた明の政治家・呂新吾《ろしんご》の『呻吟語《しんぎんご》』こそが、教師といえるかもしれない。

もちろん、王陽明も傾斜した〝師〟である。

大塩は厳格な与力である一方、陽明学の泰斗《たいと》としても世間に知られていた。

「天保の飢饉」（天保四年〈一八三三〉～七年）が起き、西日本の不作が原因で、大坂にも餓死者が溢れたことがあった。当時、江戸・大坂・京都は百万人都市であり、計三百万人が三都市にくらし、全国の日本人三千万人の約一割を構成していた。

このとき大塩は、すでに与力を隠退していたのだが、大坂町奉行へ執拗に民衆救済を献策している。が、奉行所も幕府も、これを黙殺。豪商たちは助けるどころか、進んで買い占めの奸智《かんち》に走った。すでに、幕藩体制の財政破綻は明らかとなっていた。

無視された大塩はやむなく、自らの蔵書を売って窮民救済にあてたが、これは焼け石に水でしかなかった。

彼は常日頃、厳しく「誠意慎独《せいいしんどく》」の工夫を自らに課して、「良知《りょうち》を致《いた》す」（致良知《ちりょうち》）に励んできた。

ここでいう「良知」とは、「是《ぜ》を知り非《ひ》を知り、善を知り悪を知る」（『洗心洞箚記《せんしんどうさっき》』）＝人間の本質のことをいった。

「良知」は人間の欲望や色々の欺瞞《ぎまん》によって、覆われてしまうので、それをあらゆる場面で取り除くことが必要であった。これを「事上磨練《じじょうまれん》」における「知行合一」と称した。

欲有れば則《すなわ》ち彼此《ひし》相隔《あいへだ》たり、痛痒饑寒《つうりょうきかん》の身に切なるが如《ごと》くなる能《あた》はず、皆これ不仁《ふじん》にして父母の心無き者なり、如《も》し真に良知を致《いた》さば、則ち亦《ま》た惟《た》だ其《そ》の疾《やまい》を之憂《これうれ》ひ、心誠《こころまこと》に之を求むるの外《ほか》、更《さら》に道無し。（『洗心洞箚記』）

大塩にとっては「良知を致す」＝「仁」であり、飢えや病に苦しむ人々を救済することは己れの責務でもあった。それができなければ、そもそも自分の学問は意味をなさない、と大塩は孤立感を深めるなかで考えていた。

そもそも彼の塾は、文政八年（一八二五）正月に「洗心洞入学盟誓《めいせい》」（神仏を勧請して誓いを立てる）が作成されており、それ以前から門人を教えていたかと思われる。

この「洗心洞」は『易経』に由来し、私利私欲の心を洗い去ることを意味していた。

ちなみに、大塩の著作のタイトルにある「洞」は、本を置くところ、書斎のことを指し、「洗心洞」は彼の号であった。自分は心を洗うような書斎の人になりたい、の意となる。「剳記」は書物を読んで得たものを、随時書きしるしたことを述べていた。

劇薬を飲んだ大塩平八郎

一、我門人たる者は忠信を主とし、聖学の意を失ふべからず。若《も》し俗習に率《したが》ひ、学業を荒廃し、奸細淫邪《かんさいいんじゃ》に陥ることあらば、その家の貧富に応じて、某《それがし》より命ずる経史《けいし》を購《あがな》ひ、之《これ》を洗心洞に出して塾生の用に供すること。

二、躬《みずか》ら孝弟仁義《こうていじんぎ》を行ふを以《もっ》て問学《もんがく》の要《かなめ》とす。故に、小説及び雑書を読むべからず。若し之を犯せば、少長となく鞭朴《べんぼく》若干を加ふること。
三、毎日の業は経業（中国の経典を学ぶ）を先にし、詩章（詩と文章）を後にす。若しこの順序を顚倒《てんとう》せば（逆にすれば）鞭朴若干を加ふること。
四、陰に俗輩悪人と交わり、登楼《とうろう》飲酒等の放逸《ほういつ》を為《な》すを許さず。若し一回たりとも之を犯せば、その譴《せめ》は廃学荒業と同様なること。
五、寄宿中は私に塾を出入するを許さず、若し某に請《こ》はずして擅《ほしいまま》に出づる者あらば、帰省といふとも赦《ゆる》し難《がた》く、鞭朴若干を加ふること。
六、家事に変故《へんこ》（非常のこと）ある時は必ず某に相談あるべきこと。
七、喪祭嫁娶《そうさいかしゅ》及び諸吉凶は必ず某に申告あるべきこと。
八、公罪を犯す時は親族と雖《いえど》も掩護《えんご》せず、之を官に告ぐへきこと。

（幸田成友著『大塩平八郎』）

蛇足ながら、大塩の激しさは右の「洗心洞入学盟誓」にも明らかであった。
私塾・藩校が、一種の流行《ブーム》となっていた幕末にあっても、厳しい規則を設けて、それに違反したならば、体罰を加える、と宣言した私塾・藩校は稀であったろう。

改めてみてみると、「知行合一」を求める大塩は、自らの門人に武道も教えていた。

彼自身、佐分利《さぶり》流槍術（佐分利猪之助重隆《いのすけしげたか》を祖とする槍術流派）の免許皆伝であった。

講義は朝八《や》ツ時《どき》（午前四時）から始まり、五ツ時（午前八時）に一度、終わる。大塩が役所に出仕するためで、与力在職中は昼八ツ時（午後二時）に役所から戻って、再び講義が行われた。

門人は近郊の庄屋や村役人など、農民の指導者層と与力・同心《どうしん》を中心にした武士の二層に大別される。門人の実数は、乱の発生・鎮圧により明らかとなることはなかったが、筆者は判明している七十人を加え、実際には二百人ほどはいたのではないか、と考えている。

大塩は出張講義も行っており、医師・町人・神主などの門人もいたようだ。

先に述べたごとく、永年蒐集《しゅうしゅう》してきた書籍を売り払い、六百二十両という大金を創ったものの、天保の飢饉は本来、個人の力でどうなるものでもなかった。

大塩は跡継ぎの養子・格之助《かくのすけ》を通じて、飢饉対策を町奉行所に建白する。

すると奉行は、逆に脅しをかけてくるありさま。

「貴公儀は当時（今）隠居の事に候《そうら》へば、このような事は構《かま》ひこれあるまじく、強《し》いて申され候はば、曲事《くせごと》たるべく強訴《ごうそ》（の罪）に処《しょ》すべしなんどと荒々しく仰せ渡され候」（宮城公子著『大塩平八郎』）。

民衆が苦しんでいるというのに、役所はそれを放置するのか。大塩の怒りは、民の難儀を顧みずに、己れらの私利私欲に走る「奸吏《かんり》」「奸商《かんしょう》」に向けられた。

彼には三千人規模の門人や支持者がいた。ならば、と陽明学のかかげる「知行合一」に則《のっと》り、大塩は「檄文《げきぶん》」を草し、武器を調達して、決起の日を定めた。

愛弟子・宇津木靖《うつぎやすし》は、生命懸《いのちが》けの挙兵中止を大塩に諫言《かんげん》するが、容《い》れず、これを切り捨てて勝敗を見きわめぬまま、大塩は民百姓のために、自ら兵を挙げ、二十数名の同志とともに洗心洞に火を放ち、出陣した。

先頭に「救民」の幟《のぼり》をかかげ、大砲や火矢をもって船場に向かって進軍した大塩勢は、一時、数百人にもふくれ上がったが、奉行所が出動、鉄砲隊が出るに及んで、四散してしまう。あげく敗れて大塩は、ついには自殺をとげた。天保八年のことである。

西郷の、陽明学への傾倒は生涯のもの

これを世に〝大塩の乱〟と称したが、西郷をはじめ陽明学の勉強会を行っていた人々は、そこに正義の決起を思い、彼らは大塩の著わした『洗心洞箚記』をくり返し熟読した。とくに西郷などは、島流しの獄中にあっても、この本をわが身から離さず、自らの座右の書としていた、と伝えられている。

明治になって陸軍中将となった伊瀬知好成《いせちよしなり》は、西郷の末弟・小兵衛と同輩だったが、維新後、ある時、西郷に呼ばれて次のような訓戒をうけた、と晩年に回想している。

近頃の青年は軽薄でいかん。理屈はそれなりに分かるが言行が一致しない。どうも実行の精神が乏しい。これからまだまだ人心は浮薄《ふはく》となるだろう。お前達はこれから陽明派の学問をするように言い付ける。京都ではこの人（陽明学者・春日潜庵《かすがせんあん》）に就いて修業するのが良い。（『日本及び日本人』臨時増刊・南洲号）

西郷の陽明学への傾倒は、生涯にわたるものであった。

ただ、陽明学を突きすすめていくと、正義感に溢れるものはすべからく、己れ以外にこの世を救える者はいない、との自負心を持つようになる。その結果、人知れぬ孤独感と悲壮感に、苛《さいな》まれることとなった。

また、この学派には往々にして、他を無視し、自らの心のみを対話の相手に選ぶ癖《へき》がみられたが、西郷にも多分にこの傾向があったかと思われる。

陽明学にあっては、先にみた「山中の賊は破りやすく、心中の賊は破りがたし」なのだ。

一学徒の西郷にしても、たとえ山中で賊に出遭おうとも、賊を恐れる必要はなかった。賊の出現によって反応する、己れの心にのみ、気を配ればよい。自分の心の命ずるままに耳を傾け、その命令に従い行動に移せばよかった。この際、賊の出現という現実は無視される。このあたり、無参禅師に学んだ座禅にも共通するものがあった。

この思考法は、西郷を知るうえで忘れてはなるまい。と同時に、彼の掲げた「敬天愛人」のスローガン、西郷が生涯、持ちつづけた〝死への願望〟、そして、キリスト教をはじめ宗教の本質を考えるうえでも、これは重要であった。

身を捨てるということ、〝Greater love has no man〟――聖書にいわく、「己れを捨てるより大なる愛はなし」である。

禅と陽明学で自らの骨格を創った西郷は、藩の郡方書役助《こおりかたかきやくたすけ》という役についた。

農地を見聞してまわり、取れ高を予想したり、不作に備える役だが、彼は藩の農政に不平・不満ばかり。大塩平八郎がそうであったように、上層部に建白書を書き、そのなかで「薩摩ほどひどい国はない」と藩をこき下ろし、このため、十年間一度も昇進なし、という状況に置かれてしまう。

西郷の斉彬信仰

もし、藩主・島津斉彬《しまづなりあきら》がこの西郷の建白書を読み、関心を示さなければ、おそらく西郷は同僚に嫌われ、上司に煙たがられて、梲《うだつ》が上《あ》がらない人として、その生涯を終えていたに違いない。

藩主斉彬との「邂逅《かいこう》」によって、西郷は一躍、歴史上の人物となった。

——維新後のことであろう。ある人が西郷隆盛に、

「順聖院《じゅんしょういん》さま（島津斉彬の諡《おくりな》）と申す方は、いかなるお方でございましたか」

と問うた。西郷は粛然として襟を正すと、

「あたかも、お天道さまみたいなお方でございもした」

と瞳をうるませて、しみじみ答え、あとは言葉にならなかったという。

筆者は思うのだが、西郷のいう「お天道さま」＝太陽のごとき存在は、西郷が斉彬に抱いた感慨、〝斉彬信仰〟とでも呼ぶべき胸奥ではなかったろうか。

もし、そうであるならば、明治維新の大業は〝師〟の斉彬の先見性や思想、哲学が、西郷という愛弟子を通じて実現された、といえなくはなかった。

とにかく、この薩摩藩二十八代当主（十一代藩主）は、あまりに出色《しゅっしょく》でありすぎた。

なにしろ三百諸侯中、〝英明第一〟と称せられた人物である。

ちなみに、ひとつの算出方法によると、徳川二百六十五年の治世中、計五百八十藩の歴代藩主は四千二百九十余名を数えたそうだが、これらの大名のなかで、後世のわれわれがみて「名君」とか「賢侯」と呼ぶに値する人物は、さて、一パーセントの四十余名を挙げるのも、難しかったのではあるまいか。

〝幕末四賢侯〟のひとり、福井藩主・松平慶永《よしなが》（号して春嶽《しゅんがく》）などは、才人であるうえに出身が、天下の名将軍と謳われた八代将軍吉宗の玄孫《げんそん》（孫の孫）として、御三卿《ごさんきょう》の一《いっ》・田安《たやす》家に生まれ、御家門筆頭の越前福井藩主松平家の養嗣子となっただけに、少年時代に薫陶を受けた水戸藩主・徳川斉昭《なりあき》のほか、あまり他人を褒めなかったが、斉彬については、

> 性質温恭《おんきょう》忠順、賢明にして大度《たいど》有所《あるところ》、水府《すいふ》老公（徳川斉昭）、容堂《ようどう》（土佐藩主・山内《やまうち》豊信《とよしげ》、幕末四賢侯のひとり）如きとは同日に論じ難し。天下の英明なるは、実に近世（今日）最第一なるべし。（松平慶永著『逸事史補《いつじしほ》』）

と手放しで激賞している（前述の四賢侯の残りは、島津斉彬・山内容堂・伊達宗城《だてむねなり》）。西郷隆盛を福井藩の賓客・横井小楠《しょうなん》（熊本藩士）とともに、「今までに天下で恐ろしいものを二人みた」と評した勝海舟は、斉彬を「公は偉い人だったよ」としみじみ語り、

> 侯（島津斉彬）、天質温和《てんしつおんわ》、容貌整秀《ようぼうせいしゅう》、臨《のぞ》むべく、其威望懍乎《そのいぼうりんこ》、犯すべからず。度量遠大、執一之見《しゅういつのけん》無《な》く、殆《ほとん》ど一世を籠罩《ろうとう》するの概《がい》あり（『亡友帖』）

と述べ、薩摩から人材が溢れ出たのも、すべて斉彬の「薫陶培養《くんとうばいよう》の致す所」だといい切ってはばからなかった。

その斉彬の、薫陶を受けた結晶が西郷隆盛であったといえよう。

〝二つ頭《びんた》〟の先見性を阿片戦争にみる

だが、いかな西郷でも、主君斉彬のすべてを学ぶことは不可能であったといってよい。この〝師〟は、いわゆる万能の人であった。和歌もできれば画は狩野派を能くし、習字は御家《おいえ》流の名筆。活花、茶の湯、能、鼓、謡曲――およそ、上達に苦労したものがない。学問は和漢に加えて蘭学に精通し、〝文〟の方だけかと思うとさにあらず、で八歳からはじめた馬術は名人の領域。剛弓も引ければ、槍もよくつかった。

黒田清綱《きよつな》（薩摩藩士・のち子爵）は斉彬の思い出を語る中で、

「順聖公は色が黒く体格はお背が高く横張りの頑丈なお方で、お正月のはじめなど『お目出度う』と隅々まで大きな声で仰せられたものである。言葉は純粋な江戸弁で、まことに音吐朗々威風堂々たるものであった」

と回想している。同様に薩摩藩士・松木弘安《まつきこうあん》（のち外務卿・寺島宗則《てらしまむねのり》）は、斉彬の側近として仕えた頭脳明晰《めいせき》の人であったが、その手記のなかで、彼は次のように述べている。

公（斉彬）言行寛徐《かんじょ》（ゆったりとしている）なり。然《しか》れども性敏鋭《びんえい》（感覚などが鋭い）、少時も無事なるを苦しみ、毎朝十時政庁に出て、午後二時燕居《えんきょ》（寛《くつろ》ぎの場所）に退かれ、更《さら》に宿直の侍者《じしゃ》を召して、公事を命じ、或《あるい》は各藩主等往復の書簡を親《みずか》ら復読し、或は簡（手紙）を出し、同時侍臣の傍《かたわら》に在りて用を弁ずるを聞き、又《また》案前（机の前）書を購読するものあるの類、必ず一時に二事三事四事に渉《わた》らざることなく、如斯《かくのごとく》にも多忙を常とせられ、毎事明快、其《その》計画立処《たちどころ》に成らざることなし（「寺島宗則覚書」）。

松木は驚嘆している。一時にいくつもの判断を、正確に下す斉彬を「二つ頭《びんた》」と称して畏敬した。薩摩言葉でいう優れた人物の〝二人前の頭脳〟を、斉彬はもっていたというのだ。

――筆者はこの名君の、類《たぐ》い稀《まれ》な英邁さを、その手記『阿片戦争始末』にみた。

阿片戦争については、「はじめに」以来、すでにふれている。

この戦争こそが、明治維新の直接の引き金であったことも――。

当時、清国の人口は三億五千万人。イギリスは一千万人。清国は陸軍だけで八十八万人であり、イギリスが戦争に投入した兵数は、延べにして二万人。なぜ、大国・清は小島国のイギリスに敗れたのか。産業革命の成果？　兵器の威力？　数の論理でいけば、多大な犠牲は出ても、最終的に勝利するのは巨大な領土と人口をもつ清国であった。

にもかかわらず、一年十カ月で南京条約となり、香港をイギリスに割譲され、広州、福州、厦門《アモイ》、寧波《ニンポー》、上海《シャンハイ》を自由貿易港とさせられるにいたったのは、なぜか——。

「封建制そのものに敗因があった」

正しく答えられた人間は、清国にはほとんどおらず、朝鮮半島も同断。日本にだけ存在した。その希有の一人が島津斉彬であった。

斉彬の解答

封建制にはそもそも、国家・国民は存在しない。

清国ならば州（省）、日本ならば幕藩体制の幕府か藩が「国」であった。阿片戦争における清国の敗因は、まさにここにあったのである。

天津がイギリス軍によって陥落しても、北京があぶないとなっても、近隣の州は救援にかけつけなかった。自分たちの国ではない、と思っていたからだ。八十八万対二万＝四十四対一の喧嘩で、どうして数の圧倒的多数の方が少数に敗れるのか。

全員で、打ちかからなかったからだ。事情は江戸時代の日本も同じであったろう。江戸に江戸人、薩摩に住む薩摩人、長州に住む長州人はいたが、何処にも日本人はいなかった。

文久三年（一八六三）七月の薩英戦争にしろ、元治元年（一八六四）八月の下関四カ国砲撃戦（下関戦争）にしても、欧米列強と戦ったのは当事者の藩のみで、近隣の大名は何処も救援に駆けつけることはなかった。国民がこぞって、国家を守る体制を急ぎ創らなければ、日本は欧米列強の植民地とならざるを得ない。

斉彬はこのことを、膨大な阿片戦争の記録から、ついにつきとめ、確信した。

中央集権化のための国家体制を創る――これこそが彼の究極求めた、自らの使命であったといってよい。さらに斉彬の凄味は、阿片戦争の勝者イギリスの強さの秘訣が、「鉄砲と艦船」にあることを探求、その根元を「製鉄と蒸気機関の理法」と断じたところにあった。

そのうえで彼は、自らが製鉄と蒸気機関の理法を分析し、この二つが詰まる所、「窮理《きゅうり》（物理）と舎密《せいみ》（化学）」――この二学問の成果である、と看破した点でも明らかであった。

換言すれば、斉彬は自らの手で、「産業革命」をやってみせようと考えたわけだ。

また同時に、次のような見解をも明解に示していた。

「――欧米列強は明らかに、日本国を占領併合するべくやってこよう。日本を守るためには邦《くに》が一つにまとまる政治の体制を創り、殖産、興業、強兵、海運を開発して、わが方から彼らの勢力圏へ打って出るほどの、威力を示さなければ、到底、列強の脅威を防ぎきれるものではない」

当時、斉彬はいまだ藩主の座には就いていなかった。それでいて三十代の若さの彼は、明確に明治日本の進む〝未来〟をすら予言していたのである。

イギリスに香港を奪われた清国領の上海は、長崎まで蒸気船でたった三日の航程であった。斉彬の危機意識は、蘭学への思い入れを激しいものとした。幕府の対外政策を厳しく批判し、『夢物語』を著した日本屈指の蘭学者・高野長英《ちょうえい》が、幕府に捕らえられ、入獄七年後に脱走したが、その後の高野を匿《かくま》ったのは、ほかならぬ斉彬であった。

斉彬は高野にオランダ輸入の西洋兵学書を翻訳させ、のちにはそれに基づいて鹿児島湾の防備を固めている。斉彬はその英邁さ、革新性ゆえに、藩内保守派に邪魔され、お家騒動に巻き込まれ、藩主就任が四十三歳と遅れた分を、襲封するや矢継ぎ早に集成館の化学工場群、造船、砲台、反射炉などを建設することで取り戻そうとした。そして他方では、自己の擁立派の崩壊による人材不足を、若手の育成でカバーしようとした。

——このタイミングで、ようやく西郷と出会う条件が整ったことになる。

西郷、名君斉彬と「邂逅」する

西郷像を彫琢《ちょうたく》し、目鼻をつけたのは座禅と陽明学であったが、衣裳を着せ、形を整えて方向性を示し、与えたのは〝師〟の斉彬であった。

この名君に見いだされた西郷は、農村巡業から中小姓《ちゅうごしょう》（小十人）・定御供《じょうおとも》＝駕籠《かご》回りの警護役に取り立てられ、嘉永七年（一八五四）正月、江戸への参勤の供を仰せつかった。その行列が国境の出水《いずみ》（現・鹿児島県出水市）を目指して、一つ目の休憩地・水上坂《みっかんざか》で小休止したときであった。

「西郷善兵衛（この頃、改名）とは、どれにあるか」

と、殿＝斉彬から声がかかった。このときが斉彬の、西郷をみた最初であった。

斉彬はこれまで、西郷の上司にあてた意見書は読んでいた。一方で、その上司たちの、西郷への低い評価も聞いていた。が、そこは名君である。

「用に立つ者は必ず俗人に誹謗《ひぼう》されるものだ。今の世に人の褒める者は、あまり役に立つ者ではない。郡方では使い道があるまい。庭方勤務がよかろう」

と即断していた。斉彬は〝非常の才〟を理解していたことになる。

加えて一目、西郷をみた斉彬は、その風貌にひきつけられた。六尺豊かな偉丈夫が、燃えるような大きな瞳を輝かせている。身長五尺九寸（約百八十センチ）、体重二十九貫（約百九キロ）。「おもしろい」と、斉彬は思ったのではないか。

江戸到着後の翌月（四月）、西郷は江夏十郎、宇宿彦右衛門《うしゅくひこえもん》、市来《いちき》四郎、中原猶介《なおすけ》と共に庭方役を命じられたが、ほどなく西郷が一番の〝顔〟となる。ときに西郷、二十八歳。

このとき、彼と一緒に庭方役に選ばれた人々は、すでに蘭学を中心に、ある程度の専門的知識をもつ秀才ばかりであった。いわば、即戦力組といってよい。

ひとり、西郷だけが違っていた。この「奇《く》しき縁《えにし》」、通説によれば西郷の「農政に関する建白書」に斉彬が目をとめたのが機縁だ、と伝えられているが、多くの藩士のなかでもとくに西郷が、斉彬の目にとまったのは、西郷の陽明学の師のひとりであった関勇助（斉彬の側近）の推挙があった、ともいう。また、斉彬の近習で御小納戸《おこなんど》の福崎七之丞が、西郷の偉丈夫ぶりを主君に語ったとも。七之丞は関とも親戚であった。

それにしても、はじめて西郷をみた斉彬は、よもや眼前で巨体を屈めて畏まる若者が、後年、己れの意志を継いで明治維新を成就させ、やがて新政府に反逆して故国に斃れようとは、さしもの「二つ頭《びんた》」をもってしても、予想はできなかったに違いない。

しかしながら、斉彬はともに幕府の改革を進める松平春嶽に、語ったという。

「私の家中には多くの人物がおりますが、いざというときに間に合う者がいない。ひとり西郷吉之助（隆盛）という者は、わが藩の貴重な大宝です。しかしこの者は、独立の癖が強いので、この者を使うのは私でなければできないでしょう」（関連79ページ参照）

弟子となるために必要な条件

先の大塩平八郎の心の師で、明代末期の碩学《せきがく》・呂新吾《りょしんご》（呂坤）は、その著『呻吟語』のなかで、人物の魅力を次の三つのレベルに分けて論じている。
深沈厚重ナルハ是レ第一等ノ資質
磊落《らいらく》豪雄ナルハ是レ第二等ノ資質
聡明才弁ナルハ是レ第三等ノ資質
まさに西郷の魅力は、一番上の「深沈厚重」であった。
「西郷《このおとこ》のためには生命《いのち》もいらぬ、という者が多勢でてくるのではないか」

名君斉彬なればこそ、その慧眼《けいがん》で西郷の未来をみてとっていたように思われる。

先の松平春嶽は、自著の『逸事史補』のなかで、

「斉彬は深く西郷の人となりを見抜き、後に大事業を起こすべきはこのひとなりと思いこめられ、庭番の番人（庭方）に申しつけられたり」

と述べている。この庭方役というのは、「近習小姓も知らず、庭口より直《じか》に出でて内々言上する役也。これは島津斉彬公の工夫なり」（前掲書）とある。斉彬は気軽に西郷を召し出して、日本が置かれている厳しい国際環境について、静かに説いたかと思われる。

──ここで一言、付言しておかねばならないことがある。

西郷は斉彬との「邂逅」を得たが、これは一方的に、無為に迎えたものではなかった、ということだ。受け身一方では、西郷のその後の成長はなかったろう。

換言すれば、人生に関する「問いかけ」を、西郷が西郷なりに持っていたからこそ、その疑問、不条理、自説を〝師〟斉彬に問いかけることによって、鍛えられ、逆に矯《た》められ、磨かれたとみるべきである。

西郷は陽明学を研鑽した己れの生命《いのち》を、いかに使い、〝生〟を全うすべきか、その「問いかけ」をこれまでも胸中深く秘めて、郡方書役助時代を彼なりに、一生懸命に勤めてき

た。だからこそ、斉彬に見いだされたとき、即応できたのである。

普通ならば西郷家は貧しく、この現状からいかに抜け出すか、己れの一身の栄達だけを思うものだが、西郷は日々の貧しさと戦いながらも、己れの〝志〟＝領民のより良い生活を願う方向へ、自らを鍛えた。懸命に農政を学び、研究した歳月が、彼にはあったのだ。

斉彬はそれを日本全体で考え、一藩一天下を動かす方向へと西郷を導びこうとした。

そのためには何より、世界の情勢と日本の現状を理解させなければならなかったが、藩の下級官吏にすぎなかった西郷は、江戸出府以来、ペリー来航の模様を知るにおよび、一徹な攘夷論者となってしまう。

日本の為政者のすべては、戦えば完敗することを知っていて開国論の側に立っていた。ところがこの時期の西郷のみならず、〝世界〟を知らない武士（のみならずだが）は、ことごとくが攘夷論であり、そうでない者は日本男児ではない、とさえいえたほどだ。

「気魄《きはく》が大切だ」

陽明学徒の西郷は、平素から思い定めていた。

角力にしろ喧嘩にせよ、外交にしても、勝負のための技術などはものの数ではない。立合う一刹那《いっせつな》の気合いが、すべてである。国禁を犯して図々しくも浦賀に来航した、提督ペリー率いるアメリカの東インド艦隊は、打ち払う以外のなにものでもない。

論理の不足は、一剣をもって補う――アメリカの軍隊に斬りこんで、日本刀の斬れ味をみせてやるとばかり、江戸在中の薩摩藩士はもとより諸藩の元気な若者は、灰神楽《はいかぐら》の立つような大騒ぎを演じていた。

"師"の教えを補うもの

だが主君斉彬は、「攘夷、大いに結構だが、われわれはアメリカの艦隊には勝てない」と、頭から西郷に冷や水を浴びせかける。

もし戦えば、われわれは黒船に辿りつけず、それ以前に江戸中は火の海となっている。今、急ぎなさねばならないことは、あの艦隊と互角の勝負がやれるように、砲も艦も揃えることではないか。より厳密にいえば、欧米列強のように砲や艦をつくり出せる国家を、日本も樹立するのが先決ではないか。そのためには日本の現状を反省し、幕府を改革する以外に道はない、と斉彬は西郷を諭した。

つい昨日まで、藩内の村々をめぐり、農民と作物の出来高を話し合い、苛斂誅求《かれんちゅうきゅう》にならならないように、と税金を取り立てていたにすぎない西郷には、主君の言はおよそ現実ばなれした、雲をつかむような話であったろう。はたして斉彬の真意を、当時の西郷がどこまで理解できたか疑わしいかぎりだ。

こうした状況で、西郷に幸いしたのが新たなる二人との出会いであった。

「私の最も尊敬する人物は、先輩としては藤田東湖《ふじたとうこ》、友人としては橋本左内《はしもとさない》――」

諸国奔走のなかで、西郷に別格大きな影響を与えたのが、この二人であった。〝師〟というよりは〝先輩〟、〝友〟というべきか。よほど西郷は、この二人に感銘を受けたようだ。

藤田東湖は西郷より二十一歳の年長で、西郷とはじめて会ったとき、東湖は四十八歳であった。すでに「常陸帯《ひたちおび》」「回天詩史」「正気歌《せいきのうた》」などの作品をもつ、東西随一の学者として、また水戸藩主・徳川斉昭の〝知恵袋〟としても、全国にその名を轟かせていた。

一方の橋本左内は、七歳の年下。十五歳で『啓発録《けいはつろく》』を著し、「稚心《ちしん》を去れ」と自らを叱咤激励し、大坂の緒方洪庵の「適々斎塾」（適塾）に学び、熊本の横井小楠、若狭国小《お》浜《ばま》（現・福井県小浜市）の梅田雲浜《うんぴん》とも交流があった。この時代、屈指の秀才といってよく、左内は中国・宋の悲劇の忠臣・岳飛《がくひ》にあこがれて、自らの号を「景岳《けいがく》」と称していた。

左内のはじめて会った西郷の人物評は、「燕趙《えんちょう》悲歌《ひか》の士なり」と感情的でさわがしい人、と軽いものであったが、主君・松平春嶽の懐刀として、島津斉彬の使いの西郷と共に、十四代将軍をめぐっての継承問題で奔走するなかで、やがて親友に――。

左内は安政の大獄で処刑されるが、西郷は西南戦争で自らが死を迎えるまで、この左内の手紙（安政四年十二月十四日付「一橋慶喜行状記」）を身辺にたずさえていた。西郷の、心の支えであったのかもしれない。

それにしても凄まじかったのは、もう一方の〝先輩〟の人気であった。

明治初年の新政府に対する西郷と同様に、幕末のペリー来航で欧米列強に翻弄《ほんろう》され、彼らの言いなりになって平身低頭する、不甲斐ない幕府に憤った不平不満の人々――数年後の流行語でいえば〝志士〟たち――にとって、西郷の〝先輩〟東湖は、日本一の憧憬《どうけい》の的であった、といえるかもしれない。なぜ彼が、のちの西郷ほどの人気を博し得たのか――。

東湖も西郷と同様に骨格たくましく、色あくまで黒く、眼光炯々《けいけい》とした風貌を持つ豪傑風の人物であった。性格もきわめて闊達で豪放、酒を愛して酔えば談論風発となった。

「まるで山賊の親分が、学者になったような人でごわんな」

と西郷は東湖のことを、国許の大久保正助《しょうすけ》（のち一蔵《いちぞう》、利通）ら同志に述べている。

東湖に魅了される西郷

東湖の知名度の高さは、彼の五言詩《ごごんし》「正気歌」によるところ大であったようだ。
弘化二年（一八四五）に詠まれたこの漢詩は、全国の勤王志士《きんのうのしし》に広く愛誦された。

天地正大の気、粋然《すいぜん》として神州《しんしゅう》に鐘《あつ》まる
秀《ひい》でては不二《ふじ》の嶽《たかね》となり、巍々《ぎぎ》として千秋《せんしゅう》に聳《そび》ゆ
注いでは大瀛《たいえい》の水となり、洋々《ようよう》として八州を環《めぐ》る
発《はっ》しては（発《ひら》いては）万朶《ばんだ》の桜となり、衆芳《しゅうほう》与《とも》に儔《たぐ》い難し
凝《こ》っては百練《ひゃくれん》の鉄となり、鋭利、鍪《かぶと》を断《た》つべし
尽臣《じんしん》（藎臣《じんしん》）、皆、熊羆《ゆうび》、武夫《ぶふ》尽《ことごと》く好仇《こうきゅう》
神州孰《た》れか君臨す、万古《ばんこ》、天皇を仰ぐ
皇風《こうふう》六合《りくごう》に洽《あまね》く、明徳《めいとく》、太陽に侔《ひと》し（以下略、筆者読み下す）

いうまでもないが、この漢詩には東湖によって理想化された「日本」があった。鮮烈なまでに強調される〝志〟が、述べられていたようにも思われる。

青年西郷隆盛が、魅了されたのも無理はない。

江戸に出府して五カ月後の安政元年（一八五四）七月二十九日付、母の弟・椎原《しいはら》与右衛門《よえもん》（国幹《くにもと》）に宛てた西郷の手紙には、次のようにある。少し端折って、現代文に改めてみた。

──先使で送った字（東湖の書）は、痛みなく届きましたか。その（東湖のもとを訪ねた）ときはたいへん面白い次第で、東湖先生も至極ていねいなことでした。先生のお宅へうかがうと清水で（全身を）洗ったような（すがすがしい）気持ちになります。心中一点の雲霞《うんか》もなく、ただ清浄なる心になり、帰路を忘れるような次第でした。〈中略〉彼《か》の方の学問（水戸学）は、終始、忠義を主とし、武士となるの仕立《したて》にて、学者風（机上の空論）とは大いに違います。

自画自賛になるので人には申しませんが、東湖先生も（私を）心のうちでは悪《にく》まれる向きなく、いつも〝丈夫《じょうぶ》〟と呼んでくれます。過分のいたりです。一義のことも我がものに引き受けられ、たのもしく、ありがたく〈中略〉もし、（水戸の）老公が鞭《むち》をあて て異船へさきがけなさいますならば、（私も）いっさんに駆けつけ、国家（薩摩藩）の 埋め草になり申したく心酔つかまつりおります。

文中の「一義」とは、おそらく薩摩藩と水戸藩、越前福井藩に加えて老中首座・阿部正弘が談合した時局収拾の密約——具体的には、一橋慶喜の将軍擁立同盟ではなかったかと思われる。西郷は純粋であった。東湖の英雄ぶりに、すっかり傾倒してしまったようだ。

1章でみた吉田松陰による、高杉晋作の接し方を彷彿とさせるものがあった。

西郷、〝先輩〟東湖に戦略を学ぶ

——西郷は東湖に、日頃から疑問とするところを質《ただ》した。

「尊王と攘夷の、いずれを先にすべきでしょうか」

西郷は〝攘夷〟に染まっていた。しかし主君斉彬は、あり得ないと断じている。尊王は幕府が頼りない、として浮上してきたもの。さて、このときの東湖の回答は——。

後日の西郷を考えるうえで、きわめて重大な暗示を与えたように、筆者には思われてならない。

「尊王は千古一貫す、攘夷は戦略なり」

──これを聞いた西郷は、ハタと膝をうって「わかり申した」といったという。

もしこの逸話が史実なら、西郷は徐々に政治の深層が、理解できるようになったことを意味していた。東湖の述べた攘夷論に関わる、西郷の挿話をひとつ──。

「有馬翁」と称された薩摩藩士がいた。「大正」期まで長寿を全うした人で（大正十三年〈一九二四〉七月、八十八歳で死去）、明治以降の名前は純雄《すみお》、それ以前は藤太《とうた》といった。

西郷の側近として軍事にたずさわり、薩長同盟軍が官軍として、いよいよ東征するおりは軍の副参謀（次席指揮官）を拝命、下総《しもふさ》の流山《ながれやま》（現・千葉県流山市）でもと新撰組局長の近藤勇を捕らえて、名をあげた人物でもある。

この人が慶応三年（一八六七）＝明治維新の前年に、国許から藩兵を率いて京へのぼってきたおりのこと。同僚の中村半次郎《なかむらはんじろう》（のち桐野利秋《きりのとしあき》）に、

「いよいよ、攘夷決行じゃのォ」

と笑いを洩らしたところ、半次郎は怪訝《けげん》そうな顔で、返答した。

「いや、やるのは討幕じゃ。攘夷はやりもはんぞ」

有馬は驚き、「そりゃ、どげん了見《りょうけん》な」と問い返すと、半次郎は顔をくもらせて、次のように述べている。

「俺《おい》にゃ、むずかしかことはわかりもはん。じゃどん、西郷先生がそげ申されたんじゃ」

さっぱり要領を得ない有馬は、その翌日、西郷のもとで同じ質問を繰り返した。するとと西郷はこともなげに、「攘夷は手段というもんでごわす。幕府を倒す口実にすぎもはん」と、政治の機微を語ったという。有馬はその回想録のなかで、次のようにいう。

「――ここではじめて、多年の迷妄《めいもう》が醒めて、攘夷ということはせぬものとわかった」

薩摩藩は名君斉彬以来、心底は一貫して開国論であった。

国を開いて「富国強兵」「殖産興業」に進む以外、新生日本の建設は不可能とみてとっていた。斉彬の慧眼《けいがん》はその死後、西郷や大久保らによって受け継がれていくことになる。

とはいえ、彼ら薩摩藩は幕末のぎりぎりの段階まで、本音をおくびにも出さなかった。

幕末の政局で攘夷を連呼することで世論を煽り、幕府の屋台骨を大いに揺さぶり、ついにはこれを打倒するや、すぐさま口を拭《ぬぐ》って開国を明らかにする戦略をとった。

齢《よわい》三十前の西郷は、ようやく政略や高等戦術、あるいは駆け引きといったものを理解し始めたといえる。

彼の活躍は安政の大獄、奄美大島での生活、一度の呼び戻しと、再度の島での厳しい生活を経て、やがて本土に復帰、討幕―江戸無血開城とつながって行く。

彼の〝師〟島津斉彬は安政の大獄の進行する中、急逝。享年五十。〝先輩〟藤田東湖は安政二年（一八五五）十月二日の安政大地震で、五十歳の生涯を閉じていた。

西郷は明治十年（一八七七）の西南戦争において、幾多の彼を慕う人々に、身を投げ出すように行軍を共にし、ついにはこの世を去った。享年、五十一。

5 フランス人銀行家に西洋文明を教えられた〝日本資本主義の父〟——渋沢栄一

尾高惇忠 1830~1901・フリュリ＝エラール 1836~1913

渋沢栄一 1840~1931

渋沢栄一（国立国会図書館「近代日本人の肖像」より）

尾高惇忠（渋沢史料館蔵）

フリュリ・エラール（渋沢史料館蔵）

奇跡を成し遂げた男

明治・大正・昭和と、近代を迎えたわが国に、それまでの日本になかった数多《あまた》の新事業をもたらし、それを担当する多くの企業の創設、維持、発展に、数限りない尽力（骨折り）をしたのが、渋沢栄一であった。

しかも彼は、それら企業群を私《わたくし》し、財閥化して、その頂点に君臨することを潔《いさぎよ》しとせず、むしろ財閥の形態を嫌い、自らが唱える「合本《がっぽん》主義」をもって、新しい時代の中小企業経営者の育成に懸命となった。一面、奇跡のような日本財界の将帥《リーダー》といってよい。

そのためであろう、渋沢は今日、〝日本資本主義の父〟とも尊称されている。

黎明《れいめい》期の日本が彼を持ち得たことは、くり返すようだが、奇跡といっても過言ではなかったのだ。なにしろ渋沢は、江戸幕藩体制下に生まれ育った、武蔵《むさし》国（現・埼玉県）の人であった。何一つとして彼は、欧米列強の商業事情については知らずに育っている。

確かに二十八歳のおり、一年と五ヵ月間、フランスのパリを中心に欧州《ヨーロッパ》で生活を送っていた。しかし、このわずかな期間で渋沢は、どうやって産業立国日本の、これから進むべき近代化の設計図を、ひとり引けるまでになったというのであろうか。

「渋沢栄一」を称える書物は世にあふれているが、筆者はこの人物が成し遂げた奇跡の源泉――そもそもの近代産業への開眼――が、まったくといっていいほど、一般には知られていないのではないか、と思ってきた。

結論から先に述べれば、見たことも、自らやったこともない欧米型の企業経営の基盤《ノウハウ》を、渋沢に教えた〝師〟がいたのである。しかも、厳密には二人――この二人の〝師〟に渋沢が「邂逅《かいこう》」することがなければ、彼の明治における偉業は不可能であったに違いない。

では、渋沢はどのようにして、本来得難き〝師〟と出会えたのであろうか。

天保十一年（一八四〇）二月十三日、武蔵国榛沢《はんざわ》郡血洗島《ちあらいじま》村（現・埼玉県深谷《ふかや》市血洗島）の豪農の家に、彼は長男として生まれていた。

渋沢栄一の父・市郎右衛門は、篤実勤倹《とくじつきんけん》の人であり、この地方の特産物である藍玉《あいだま》の、製造販売と養蚕《ようさん》を兼営していた。近隣村落での信望が厚かった彼は、学問もあり、村役人を任されて苗字帯刀《みょうじたいとう》も許された、立派な人物であった。

渋沢はまず、この尊敬すべき父から学問の手ほどきを受けている。

ただし、この父を〝師〟と数えることはできない。

なぜならば、市郎右衛門がほどこした家庭教育は、江戸期を通じて二百六十五年――いずこの武士や富豪の商人・豪農の家庭でも行われていたもので、そこからのちの〝わが国資本主義の父〟を連想することには無理があったからだ。

一人目の〝師〟尾高惇忠

次のような、渋沢自身の回想がある。


五歳の春から親しく父の口授の下に習ひはじめた「三字経《さんじきょう》」と云《い》ふのは、其頃《そのころ》汎《あまね》く世上に行《おこな》はれたもので、

「人《ひと》之《の》初《はじめ》。性本善《せいもとぜん》。性相近《せいあいちかし》。習相遠《ならいあいとおし》」

など、韻《いん》を踏んで、倫理、道徳、天文、歴史、文学を極めて平易に説いた、三十枚程の本であった。

「三綱君臣義《さんこうくんしんのぎ》。父子《ふし》（は）恩夫婦《おんふうふ》（は）従《じゅう》……。蚕《さん》（かいこ）吐糸犬《いとをはきいぬ》（は）守夜《よるをまもり》」（正しくは、「犬は夜を守り〈中略〉蚕は糸を吐き〈後略〉」）

朗々《ろうろう》として誦《ずう》ずる父が句読《くとう》は、今尚《な》ほ耳底《じてい》に在《あ》る心地がする。それから孝経、小学、大学、中庸と段々教《おそ》はった、小（子）供には記憶し悪《にく》い漢字であるから、よく忘れることがある、忘れた時は父から叱られるが、それが恐ろしいので、忘れないやうに一生懸命で復習して居《い》たこと抔《など》をよく覚えてゐ《い》た。又《また》その頃両親が、「この児《こ》は覚えがよいから、少し勉強させたら学問が出来るだらう」など、話して居《お》られた事も覚えてゐる。（『龍門雑誌』・筆者、適宜ルビをふり補う）

筆者が注目したのは、渋沢が父のもとで『論語』の「二」（爲政）まで読み進めた時（七歳頃）、家が忙しくもあり、父子では学問にならない、と漢籍の師匠を求めて、父が白羽の矢を立てたのが尾高《おだか》（「おたか」とも）惇忠《あつただ》であったことだ。この人物は父の実姉・阿八重《あやえ》（やえ）の子、つまり市郎右衛門の甥、渋沢には従兄にあたった。のちに惇忠の妹・ちよを、渋沢は妻としているから、惇忠は義兄ともなる。

尾高の家は、自分の宅から七八町隔《へだた》った、手計村《てばかむら》（下手計村）といふ処《ところ》であったが、此《この》尾高といふ人は、幼少の時から善く書物を読むで《ん》、其上天稟《そのうえてんぴん》物覚えのよい性質で、田舎では立派な先生といはれる程の人物であった、殊《こと》に自分の家とは縁者の事でもあるから、父は自分を呼んで向後《こうご》、読書の修行は乃公《オレ》が教《おし》ゆるよりは、手計村へいって尾高に習う方がよいといひつけられたから、其後は毎朝、尾高の宅へ通学して、一時半か乃至《ないし》二時程づゝ読むで帰って来ました。（渋沢栄一著『雨夜譚《あまよがたり》』）

惇忠は文政十三年（一八三〇）七月二十七日、武蔵国榛沢郡下手計村（現・深谷市下手計）に尾高勝五郎、阿八重の長男として生まれていた。父の勝五郎は、下手計村の名主である。時代を先走るが、のちに惇忠は、明治三年（一八七〇）、渋沢の差配によって、わが国初の官営工場・富岡製糸場の初代工場長となっている。

惇忠から学んだ「捗遣《はかや》り主義」

さて、惇忠は確かに渋沢に初等の学問を教えたが、何をもって渋沢の「邂逅」の〝師〟といえるのであろうか。次の渋沢の、述懐を注意深く一読願いたい。

私が翁（藍香《らんこう》こと尾高惇忠）の家へ書物を教《おそ》はりに行ったのは七才《ななつ》の時と覚えて居る。翁は私より十年上だから、蓋《けだ》し十七の年でしたらう。十七の青年では有ったが中々善く書《ほん》をば読んだ。私などが子供心にも、江戸の聖堂の御儒者《おじゅしゃ》といふ先生方でも、此人《このひと》ほどには善く読めまいと思ふ程に達者に読むだ。

で、私が最初に教はったのが論語で。それから孟子。所謂《いわゆ》る四書五経《ししょごきょう》、小学、と上げて、更《さら》に文選《もんぜん》、史記、漢書《かんじょ》。又たそれに取り交《まぜ》て十八史略、国史略、日本外史、日本政記など丶読んで貰った。又た私が十四五の時と記憶《おぼえ》て居る。翁は何所《どこ》からか浜田弥兵衛、山田長政、鄭成功《ていせいこう》の伝記といふものを持て来て私に示された。私は其《そ》れを読んで、非常に面白く感じたので、其中の不審の点について、『此処《ここ》は何《ど》う？　彼処《あそこ》は何う？』と質問をした。処《ところ》が翁は大層喜んで、其書の主公たる弥兵衛、長政、国姓爺《こくせんや》に就《つい》て、書物以外の逸話をも話して呉《く》れられたので、私はつひに覚えぬ興《きょう》を以《もっ》て一晩聴いたことを今以て記憶《おぼえ》て居る。で、お話は戻るが、翁が句読《くとう》の授け方は、尋常のとは違って、一種の『捗遣《はかや》り主義』でした。

筆者はこの「捗遣り（物事をはやく進める）主義」こそが、のちの渋沢の、土台を築いた基本であった、とみている。少し長いが、次の引用にその秘事が語られていた。

其の時分の句読教師が生徒に教ふのは、其書の一箇所を丁寧に読《よま》せて、幾《ほと》んど諳誦《あんじゅ》の出来るまでにして、扨《さ》て其次《そのつぎ》へ移ったもの、様に記憶《おぼえ》て居る。例へば論語なら『学而時習レ之、不二亦説一乎。有レ朋自二遠方一来、不二レ亦楽一乎。人不レ知、而不レ慍、不二亦君子一乎。』——これを何遍も繰返して善く記憶《おぼえ》てから、其次の『子曰《しのたまわく》』に移るといふ風にした。処《とこ》ろが翁のは其《そ》れとは違って。『私は一種の読書法を遣《や》る。』と云《い》って只《た》だ無暗《むやみ》に読ませる、一度に三十枚も四十枚も読む。で、所々に、『此処《ここ》は恁《こ》う云ふ意味である。其所《そこ》は斯う云ふ趣意である。』と、句読兼講義といふを遣《や》る。『此れが読俗の力を附《つ》けて、効能を早く収める方法である。』と言はれて居た。或《あるい》は是《こ》れは、翁（は）自分が読みたい為に、名を此の新機軸に藉《か》りたのかも不知《しれ》ぬ。然《しか》も果して此の『捗遣り法』が教授法として善いか、悪いか、それは不知《しら》ぬが。兎《と》に角《かく》意味も解《わか》らぬ暗誦法よりも、『句読兼講義法』は、私共には幾許《いくら》か其の効果を収められたかの様に感じて居る。

筆者はこの惇忠の教え方が、これからみるフランスのサン＝シモン主義による近代産業を、まったく知識のなかった渋沢をして、短期日に理解することを可能にした根本だった、と考えている。学問の効率性、進捗《しんちょく》を考えても、その意義は極めて大きかった。

意味不明の言葉や、その時点で理解できない未知の単語を、わからないまま、一つの記号として（たとえばX《エックス》と置いて）、そのまま読み進める。読書が面白く、読み進むことがつづけば、意味は自然とわかるようになり、惇忠の場合は要所要所でヒント、解説も加えていた（原理は外国語を未知の日本語に翻訳するのと同じ）。

惇忠は読み易いもの、渋沢の性格にあったものを選んで、心をとめて読ませることに留意していた。そうすることによって、知《し》らず識《し》らずの間に、渋沢に読書力がつき、学問は進んだ。

身分制度に抗い、勤王過激派へ

その一方で渋沢はまもなく、幕府の封建支配に激しい不信と憎悪を抱く、といった形の、大いなる転機を迎える。一説には、十七歳頃という。

渋沢が父の名代として、村の代官所へ赴《おもむ》いたことがあった。

時代はすでに、幕末に入っている。ときの血洗島村の領主・岡部藩安部家も、藩庫の累積赤字に閉口し、領内の豪農たちに度々、〝御用金《ごようきん》〟を課したのであった。豪農たちはこうした無心《むしん》（物をねだる）、上意を、無条件で受け入れていた。

しかし、はじめて参加した渋沢には、なにかしら釈然としないものがあったようだ。即答を避け、父に伝えたうえでご返答いたします、と答えた。すると代官は、渋沢を見下げて「百姓の小倅《こせがれ》が」と、嘲弄《ちょうろう》したというのだ。腹立ちと口惜しさが、渋沢を襲った。これまで何不自由のない生活をおくってきた彼には、この屈辱がよほど堪《こた》えたようだ。

そもそも〝御用金〟は、年貢《ねんぐ》（税金）ではない。いわば、藩がねだって無理やり出させるものであり、しかも返済されたことはなかった。

それなのになぜ、あのように高圧的態度で命じるのか。まったく、理不尽である。

渋沢は家業を手伝うかたわら、相変わらず尾高惇忠について学問を修め、文久年間（一八六一～六四）には江戸に出て儒者・海保漁村《かいほぎょそん》と、剣客《けんかく》・千葉栄次郎《ちばえいじろう》（北辰一刀流《ほくしんいっとうりゅう》を開いた千葉周作《しゅうさく》の次男）について、各々、文武の修行を行っている。

彼はいつしか、権柄《けんぺい》ずくの代官、その彼を任命した岡部藩へと怒りの矛先を向け、より抽象的なもの、すなわち徳川幕府の身分制そのものを射程にとらえていた。

そして文久三年（一八六三）、おりから国内に蔓延する、尊王攘夷《じょうい》ブームの影響もあり、同志と語らっての倒幕運動＝「高崎藩の城を攻略し、横浜を焼き討ちしよう」という計画に具体化した。決行日は十一月二十三日――総勢、わずかに六十数名。

大胆不敵といえば聞こえはいいが、無鉄砲な計画であった。

この年の八月、大和（現・奈良県）で天誅組《てんちゅうぐみ》の蜂起があったが、五条代官の首は刎《は》ねたものの、結局は武力によって壊滅させられていた（このおりの挙兵は一千余であった）。

渋沢たちの挙兵は土壇場で味方からも自重論が出、思いとどまることに――。

しかし、今日でいえば公安警察にあたる関八州取締役《かんはっしゅうとりしまりやく》に内々、知られてしまった。

この窮地を救ってくれたのが、渋沢が二十四歳のおり、江戸留学で面識を得ていた、将軍家の家族＝御三卿《ごさんきょう》の一《いっ》である一橋《ひとつばし》家の用人《ようにん》・平岡円四郎《ひらおかえんしろう》である。

転向者のみた欧米列強

渋沢はここで一橋家に仕えることになるのだが、徳川将軍家に連なる一橋家は、御三家（水戸・尾張・紀伊）とともに、将軍を出す資格を持っていた。渋沢が仕えた頃、一橋家の当主は水戸藩主（九代）・徳川斉昭《なりあき》の七男として生まれた慶喜《よしのぶ》であった。
将軍後見職から、禁裏御守衛総督《きんりごしゅえいそうとく》となった人物。いうまでもなく、のちの徳川幕府十五代将軍である。その人に仕えることは、明らかに、変節を意味していた。

おそらく渋沢は、己れの持つ合理的精神をもって、当主の慶喜にも直接、面会して建言を行うことで、本来、目指した倒幕へ慶喜を導き、日《ひ》の本《もと》を変えられると、若者らしく夢みていたのではあるまいか。渋沢は転向した。

『渋沢栄一伝』を著した文豪・幸田露伴《こうだろはん》も、「奇異」とその不可解さを述べている。

彼の将来性を見込んだ平岡は、自分付《つき》の用人として、領内での農兵編成や一橋家の財政再建にその手腕を発揮させる（平岡は元治元年〈一八六四〉六月、水戸藩士によって京都で暗殺される。享年四十三）。

活躍を認められた渋沢は、慶応三年（一八六七）正月、十五代将軍・徳川慶喜の実弟である、民部大輔《みんぶたいふ》昭武《あきたけ》（のち水戸藩十一代藩主）のパリ万国博覧会列席に随行し、渡欧することを命じらる。

フランスの蒸気船でパリへ渡った渋沢は、生まれて初めて〝世界〟を知った。汽車に乗り、到着したパリ市中を散策しながら、彼は、尊王攘夷で討つはずだった〝夷狄《いてき》〟について考えた。

（とても、かなわぬ……）

西洋文明の規模と実力に圧倒された渋沢は、なかでも銀行家が軍人と対等に会話を交わしている場面に出会《でくわ》し、多大な衝撃《ショック》を受けた。

当時の日本には、〝士農工商〟の身分格差が厳然として存在しており、実力はともかく、商人の地位はきわめて低いものでしかなかった。

そのため商人の側にも、己れの卑屈さに馴《な》れている一面があったのである。

さらには、江戸期の日本には「利は義に反する」といった、儒教的道徳が定着しており、経済を卑しいものと断じた幕府は、財政難に追いつめられると、金銀貨幣の改鋳をする程度でお茶を濁し、あとは豪商・豪農の〝御用金〟頼みで、破綻に瀕《ひん》する国家規模の財政を、なんとか凌《しの》ごうとしていた。

その結果、外国からの脅威にさらされると、軍備を調《ととの》える巨額の財源にたちまち困惑し、幕府は日本の、一部の土地を担保に、フランスから借款《しゃっかん》しようとまで考えるありさま（この件は、ナポレオン三世の政権崩壊でご破算となりはしたが）。

二人目の師・フリュリ＝エラールに感謝すべし

フランスへ渡って、ヨーロッパ文明を見聞した渋沢は、これからの日本は火急の「富国強兵」を実施するためにも、まず「殖産興業」を起さなければならないことを痛感する。しかし、何をどこから手をつければよいのか、渋沢には皆目、見当がつかなかった。このおりの、彼の商いの知識は、自らも多少かかわった藍玉の売買程度のものでしかない。困惑する渋沢の前に現われたのが、「フロリヘラルト」（正しくは、ポール・フリュリ＝エラール）であった。

民部公子一行がマルセイユの、グランド・ホテルに到着したおり、「午後三時頃」（『航西日記』）にやってきたフリュリ＝エラールは、日本の総領事を幕府から委嘱されており、わざわざパリから出向いてきて、一行の労をねぎらった。

幕府が最後の力を振り絞って建設にあたった横須賀製鉄所、加えての兵制改革への援助を求めて、外国事務奉行兼理事官の柴田《しばた》日向守《ひゅうがのかみ》剛中《たけなか》（「ごうちゅう」と有職読みされることも）がフランスに赴いたおり、外務大臣ドルーアン・ド・リュイスと共にフリュリ＝エラールはすでに、交渉の場に姿を現していた。彼はパリの富豪銀行家であり、親日家といってよかった。「日本領事官心得」を受けてくれ、「日本名誉総領事」を自称してくれたこの人物は、渋沢を〝日本資本主義の父〟に押しあげてくれる師匠でもあった。

「ポール・フリュリ＝エラールは一八三六年一月三十一日パリ生まれ、一九一三年十月一日、パリ南西郊外のビュール・シュル・イヴェットで死去。享年七十七」（鹿島茂著『渋沢栄一』）とあることから、パリ万博に赴いた渋沢が二十八歳であれば、フリュリ＝エラールは四歳の年上となる。

学びの感覚でいえば、渋沢は十歳年上の〝師〟尾高惇忠にむかうのと、同じようなものであったろうか。フリュリ＝エラールは、外務省に関係の深い銀行を経営していたことから、幕府の世話役となったようだが、幕府、渋沢のみならず日本人はこぞって、この篤実で誠意あるフランス人の出現に、感謝すべきであったろう。

――彼がフランスの金融システムを、滞仏中の渋沢に教えたのであるから。

蛇足ながら、筆者は以前、『激流　渋沢栄一の若き日』（大佛次郎《おさらぎじろう》著）のなかで、「フロリヘラルド」が渋沢の〝師〟として、銀行、会社、取引所、はては下水の「地下の大暗渠《だいあんきょ》」に〝弟子〟をともなう話を読んだことがある。小説ではあったが、非常にわかりやすかった。

渋沢の〝師〟がフリュリ＝エラールであったことは、日本を含む資本主義全体を考えるうえでも重要なことであったのだ。

遅れていたフランスを、一流国家にした秘訣

イギリスの経済学者ジョン・メイナード・ケインズのいう「エコノミックマン」＝自己利益の拡大のみを願う商いは、これから渋沢が唱える「合本主義」とは異なり、金儲けの途中で歯車が狂い、結局は破綻することにつながるケースが多いものであった。

富の偏在した前近代的資本主義の段階――たとえば、かつての中国歴代王朝の商人、ロシアや旧カトリックのスペイン、イタリア、ポルトガルの大航海時代――世界を駆けめぐって富をかき集めながら、落日を迎えてしまった国々がそうであったように、傍若無人な独占的営利活動は、もう一つ上に位置する近代的資本主義には、ついに行きつき得ないものであった。

なぜならば、マックス・ウェーバーが資本主義の必須要件としたプロテスタンティズム

＝禁欲の職業倫理《エートス》が経営者に欠けていたからである。俗にいう、〝世のため人のための〟思いが込められていなかったからだ。日本の商いにいう、「三方良し《さんぽう》」と言い替えてもいいかもしれない。商取引の当事者（売り手と買い手）プラス公衆（世間一般の人々）である。

渋沢は幼少から学んできた儒教的道徳心が、ナポレオン三世のフランスでは英米型のプロテスタンティズムに匹敵する、〝心〟を持っていたことも、フリュリ＝エラールの良心を通じて学んだ。この良心こそが、形をかえた思想家サン＝シモンのいう、「産業者による、産業者のための社会」の建設呼びかけと、同じものであった。

「サン＝シモン主義」と呼ばれ、のちに社会主義者エンゲルスは、「空想的社会主義」に数えるこの思想は、技術者などの産業階級を、貴族や僧侶など非産業階級の上位に置き、やがてフランス産業革命に大きな影響を与えた。

フランスはほんの少し前まで、スペイン・ポルトガルと同様の前近代的資本主義の段階に留まっていた。そこへ、サン＝シモン主義を信奉するルイ・ナポレオン（のちのナポレオン三世）が登場し、一気に近代的資本主義を確立することに成功したのである。

――渋沢の理解でいえば、それこそが「合本主義」となった。

フランスの近代的資本主義の確立は、銀行をもって行われた、と教えたところに〝師〟

フリュリ＝エラールの真骨頂があり、〝弟子〟渋沢の得度《とくど》（さとりの境地に至る）があったのだが、これはすべて、フランスでの学び――この国以外では学べない――であったといえる。フランスの金融制度は、すべての面においてイギリスに大きく遅れをとっていた。

金銭を預かり、資金を貸し付け、手形を割引く。一方で産業への投資を行う、といった今日につながる銀行業務を、ルイ・ナポレオンが登場するまで、フランスはまったくやっていなかったのである。

フランス革命の混乱とナポレオンの大陸封鎖もあって、イギリスのようにフランスでは産業革命は進まず、社会が停滞したままでは金融の需要もない。したがって、供給もふるわなかった。フランスの銀行が精を出していたのは、貴族や大ブルジョワジーの持つ大金を預かり、内外の国債を購入してその利ザヤを稼ぐこと。

したがって、本来の銀行が扱うべき庶民の金融は、フランスの場合、街の高利貸か、小規模の銀行（短期の手形のみを扱う）にたよるしかなかった。

考えてみれば、日本の江戸時代とほとんど変わらない。

しかし、社会が安定してくると、インフラ整備をはじめ多額の投資資金が必要となる。それを説く機関紙や書籍も発刊されるようになり、たとえば鉄道の実用化や首都パリの改造と美化、そのための上下水道の整備、道路の建設が求められるようになる。

鉄道網が広がれば、当然、関連する製鉄業や炭鉱業などの、重工業も発展を遂げるはず。巨大事業に融資できる、大規模なベンチャー・キャピタルが求められた。

――ここに、サン＝シモン主義が出現する。

渋沢の学びとその応用

個人の小さな資本を持ち寄って、共同で大きな資本に変える、株式会社というシステム――これこそが、サン＝シモン主義の中核的思想であった。

株式の購入ないしは長期貸付という形で、庶民にも投資させ、民間に眠っている資金をかき集め、まとめて社債の形で発行する。社債には利息がつき、これはいつでも引き出せた。

つまり、金銭が流れる通路を、ため池（民間に眠っている不活発な資金）から細流に、その細流を大河へと広げていき、流通の量を増やすと同時にスピードを加速する。

ヒトとモノが互いに還元《フィードバック》しあって、上昇の螺旋形《スパイラル》を生み出し、好景気は人々を物質的に豊かにする。この金銭の流通方法《システム》を、フリュリ＝エラールは渋沢に伝授したわけだ。

欧米列強でいえば、鉄道網と運河開削、大洋航路と都市交通、ガス、水道などのインフラがことごとく対象となった。フランスはこれまでに試行錯誤をくり返してきたわけだが、渋沢はフリュリ＝エラールのおかげで、その成功の部分だけを聴けばよかった。

同じやり方をしたのが、「昭和」の戦後、高度経済成長に成功した日本のやり方を、そのまま移植した中国、韓国、東南アジア諸国だと考えれば、わかりやすい。

渋沢にとっての、フランスのサン＝シモン主義の象徴こそが、自らも訪れた西暦一八六七年のパリ万博であった。

このパリ万博には、多くの日本人が参加した。

しかし、渋沢のような〝学び〟のできた者はほかに見当たらない。否《いな》、欧州に暮らしたからといって、誰もが文化・経済を学べるわけではなかった。なぜ、渋沢にだけサン＝シモン主義や資本主義の仕組みが短期間に、深く理解できたのであろうか。

それを可能にしたのが、第一の〝師〟尾高惇忠が渋沢に授けた「捗遣り主義」であった。

渋沢は滞仏中、徳川昭武の会計と書記を担当していたが、持参した膨大な滞在費の保管に困り、相談した過程で、フリュリ＝エラールから「国債に替えればよい」との助言を得た。渋沢は理解不可能なところは「X《エックス》」と置いたまま、できるかぎりの知識を動員して、全体像を摑もうとする。その下地が、彼にはあったことになる。

やがて彼は、「X」が〝循環《サーキュレーション》〟であることを理解した。「株式会社」「銀行」「鉄道」という、サン＝シモン主義の〝三種の神器〟を、渋沢は明治日本で展開することになる。

一方で残った「X」――問題は日本のサン＝シモン的な「細流主義」＝商人たちの精神的な立ち遅れをどうするか、これが最大の難問であった。

日本が真に近代化を達成するためには、江戸期の商人を卑しめてきた儒教道徳を、商人自らが身につけ、江戸期の武士と同様に、商人も立派な人物になり得る、と教育する外に方法はない、と渋沢はやがて結論づけることとなる。

のちに、彼が熱心に説く「道徳経済合一説」は、こうした経緯を踏まえて生まれたもの。右手に『論語』、左手に「算盤《そろばん》」という渋沢の宣伝文句《キャッチフレーズ》も、意味は同じであった。

明治・大正の経済界をリード

これからは〝循環〟だ、と勢い勇んで帰国した彼だったが、幕府は慶応三年（一八六七）十月に大政奉還をして、名目上、政府の地位を去り、渋沢がパリ滞在中の慶応四年正月、鳥羽・伏見の戦いで新政府軍に敗れてその実力も否定され、次いで四月には江戸開城をするにおよび、すでに名実共に瓦解《がかい》していた。

この年の十一月に帰国した渋沢を待っていたのは、静岡に移住させられた前将軍の慶喜や失意の幕臣たちであった。

人間の運命とは、不思議なもの――帰朝後、新政府から静岡藩を与えられた旧幕臣の待つこの地へ移った渋沢は、勘定組頭《かんじょうくみがしら》となり、藩と在地商人たちとによる「商法会所《しょうほうかいしょ》」を設立。フランス仕込みの近代的商業と金融業を、いよいよ渋沢は開始するのだが、この新しい商いであるサン＝シモン主義が、新政府の注目するところとなり、明治二年（一八六九）に彼は新政府に出仕することになる。

当初、登用を渋った渋沢ではあったが、旧幕臣の新政府登用の先駆けときかされ、仕方なく出仕した。考えてみれば近代的な仕組みをまず、日本でも創らなければならなかった、新生日本にとっては、むしろ彼の官界入りは幸いであったといえよう。

新政府の大蔵官僚となった渋沢は、全国の測量や度量衡《どりょうこう》の改定、駅逓《えきてい》法の制定や廃藩置県による藩札《はんさつ》の引換業務、簿記法や貨幣法の整備、租税率の改定、国家予算の大綱策定、そして、国立銀行条例の施行など、資本主義の基盤作りに参画した。

にもかかわらず、経済に無知な陸海軍省をはじめ、少しでも予算を多くほしい各省から予算の定額論が持ち出され、これに反対して野《や》に下った渋沢は、明治六年（一八七三）六月、わが国最初の近代銀行と称された、第一国立銀行を設立、その総監役に、つづいて頭取に就任することになる。

ただし、このころの国立銀行というのは、「国法によって創られた銀行」の意で、国営・国有のものではなかった。あくまで、民間の銀行である。

サン＝シモン主義を学んだとはいえ、あまりに短い取得期間であった。当然、勘違いやあやまった解釈などで、失敗や試行錯誤がくり返された。が、徐々に全国各地から、国立銀行創設の気運が高まっていく。

ちなみに、明治十二年には早くも、百五十三行におよぶ国立銀行が誕生・発足した。

渋沢は自ら第一国立銀行に身を置き、後続の銀行設立（第十六、第二十、第七十七国立銀行など）に尽力しながら、草創期の銀行業界をまとめる「択善会《たくぜんかい》」（のちの銀行集会所、現・全国銀行協会）を設立すると、銀行業務の整備から企業経営の知識普及、はては業界の品格向上といった面の指導まで、ことごとくを主導した。

近代企業を株式会社形態で設立することを強調した彼は、自身も先頭に立って手広く経営に参画している。明治六年、日本で最初の洋紙製造会社である抄紙《しょうし》会社（のち王子製紙）の創立をはじめ、紡績会社（のち東洋紡）、海上保険会社（のち東京海上日動火災保険）、ほかにも東京瓦斯《ガス》、人造肥料会社（のち日産化学）、鉄道会社（のちJR東北本線）など、渋沢が創設したり経営を援助した会社は、近代日本にとって必要不可欠なものばかりで、それだけに多岐《たき》にわたっていた。

しかし、この人物の面白味は、かくも多くの企業の創立、経営に関与しながら、決して自身の財を築くことを目的としなかったことであろう。それは渋沢が晩年にいたるまで、三井、三菱、住友、安田、浅野といった財閥を形成しなかったことからも明らかであった。

『論語と算盤《そろばん》』

財を蓄えることよりも、渋沢は日本の近代産業を育成、発展させるためには、『論語』を経営者の徳育の規範として、「道徳経済合一説」を実践しなければならない、とその意義を誰よりも強く意識し、その提唱に力を注いだ。

営利の追求も資本の蓄積も、道義に適《かな》ったものでなくてはならない。仁愛と人情に基づいた企業活動を、民主的で合理的な経営のもとで行えば、国は栄え、国民生活も豊かなものとなる。まさに、サン＝シモン主義の主張であった。

近代的経済人を育成するためには、青少年の教育こそが重要だ、と思いいたった渋沢は、東京高等商業学校（現・一橋大学）、大倉高等商業学校（現・東京経済大学）、岩倉鉄道学校（現・岩倉高等学校）などの創設・発展にも尽力している。

明治四十二年（一九〇九）六月、彼は古希《こき》（七十歳）を迎えたのを機に、第一国立銀行および銀行集会所を除き、ほか六十におよぶ事業会社の役職を辞任している。

さらに大正五年（一九一六）五月には、金融業界からも引退した。その著作『論語と算盤』の出版は、翌六年のことである。社会・公共事業に専念しながら、渋沢は経営者の道徳の重要性を、今まで以上に説いてまわった。

「令和」の今日からふり返れば、渋沢の生きた明治の後期から大正にかけての時期は、その時点で過去のいかなる時代と比べても、日本人の暮らしが豊かになっていた。

日清・日露の両役に勝利した日本は、欧米列強の植民地化政策を逃れ、幕末以来の悲願であった独立国の尊厳を保ち得た。

間違いなく、日本人は物質的な豊かさを手に入れたといってよい。

しかし、心の豊かさはどうであったろうか。両役に勝利してうかれる日本人に警鐘を鳴らし、企業は利潤を追究するが、その根底に正しい道徳がなければ、その企業は我欲に倒れ、社会的に存続することは許されない、と渋沢はくり返し語っている。

（脱線したのかもしれぬな）

アメリカ合衆国との亀裂に心を痛めつつ、各種の国際親善事業を懸命に推進しながら、渋沢は衣食足りて礼節を知る、貧すれば鈍す――経済と道徳が車の両輪のようなものであることを説きつづけ、平和こそが国の発展に何より必要なものだ、と語りながら、昭和六年（一九三一）十一月十一日、この世を去った。ときに、九十二歳。大往生であった。

東京王子の飛鳥山《あすかやま》（現・東京都北区王子）にある渋沢邸を訪れた外国人は、記録に残るだけでも千名をくだらないという。

〝境界人《マージナルマン》〟が近代日本を創った?!

蛇足ながら、渋沢は自らの「合本主義」を実践する過程で、浅野総一郎、安田善次郎、宿敵というべき岩崎弥太郎といった、財閥の創業者に出会い、多くの深い関わりを持った。

筆者は最近、ふと気づいたのだが、彼ら産業立国日本の将師《リーダー》たちには、一つの共通点があった。例外なく皆、〝境界人《マージナルマン》〟であったということである。

通常、〝境界人《マージナルマン》〟は二つ以上の集団に属しながら、そのいずれにも同化できず、情緒的に不安定な状態にある人を指して使う言葉だが、筆者は身分秩序におさまりきれなかった人々、ときに途轍《とてつ》もないこと、世間の人々が驚嘆するようような大胆不敵を、やってのけることがある人々と置いている。

つまり、「常識」という概念を超えた非常識＝自分勝手な理屈や行動理念で、周囲の人々を巻き込んでしまう――これが〝境界人《マージナルマン》〟の共通点であった。

士農工商と固定された江戸時代の身分制度のなかで、渋沢は農民でありながら苗字帯刀を許されており、浅野は医師でありながら、コレラに出会って敗北、江戸時代屈指の豪商・銭屋五兵衛《ぜにやごへえ》のような商人になりたい、との志を抱いた。医師はこの時代、「埒外《らちがい》」（身分制度の外）にあったことは3章でもみた通りである。安田は富山藩の足軽から金融・保険業を営む商人へ。岩崎は地下浪人《じげろうにん》（藩士の下の郷士の格式を売り払った者）から藩士となり、商人に転出していた。

しかも彼らは揃って、渋沢より商売が上手であった。

渋沢がフリュリ＝エラールから学んだ、具体的な教えと彼の理解については、株式会社や銀行の理念と運用及び設立の方法について、明治四年六月署名の『立会略則《りっかいりゃくそく》』に詳しい（『明治文化全集』・第二巻「経済篇」に所収）。

――ここでは、別なことを述べたい。

彼は紛《まが》うなき、日本近代経済界のオピニオン・リーダーであった。が、渋沢は経営に執着をみせなかった。各企業との関わりが、〝淡交〟なのである。

以前、安岡正篤《やすおかまさひろ》先生の〝淡〟とは至極の味という話を、ご子息の安岡正泰《まさやす》氏（関連49ページ参照）よりうかがったことがあった。

「淡には深い意味があり、味わえば味わうほど興味の尽きないものだ」

安岡先生は説かれていたという。「淡」はあわい、あっさりしている、みずくさいという意味ではなく、全く正反対の意味がある文字だ、というのである。

「君子の交《まじわり》は淡として水の如し」といいますからね、と安岡氏。

「淡交」という熟語も、〝淡〟の本当の意味を知って、初めて理解できるもの、とも。

お茶の作法、とりわけ煎茶をやるとよくわかる、と安岡先生はおっしゃっていたという。

煎茶というものは、まず第一煎でお茶の甘味を味わい、ついで第二煎で苦味を味わいます。甘味というものは、味の中では一番初歩のものでありますから、子供でも甘いものは好きです。だから「あいつは甘い」というのは、まだ人間ができておらぬ、人間的に初歩の、若い人達を指すのであります。

ところがその甘味の一つ奥の味は何かと申しますと、苦味であります。甘味を含んだ苦味、甘味を越した苦味、これは甘味よりもはるかに優れた味であります。それから最後の第三煎で、渋味を味わいます。甘味を含んだ渋味、甘味・苦味を通り越した渋味、これが本当の茶の味といえましょう。人間も甘さを通り越して苦味・渋味が出てこないと本物ではありません。

したがって人間というものは、甘味だけの青少年時代から出発して、やがて苦味の出る壮年時代、さらに渋味の出てくるまでを考えますと、かなりの年月と修養が必要であります。が、これだけではまだ最高の境地・真の味とは言えません。この三つの味、すなわち甘・苦・渋を超越した至極の味、至極の境地を、老荘や禅家では「無」あるいは淡という字で表現しております。（安岡正篤著『先哲講座』）

甘味を含んだ渋味、甘味・苦味を通り越した渋味は、「言うに言えない至極の味」と安岡先生は述べておられた。

そういえば、『老子』に次のような言葉があった。

「道の口より出ずるは、淡乎《たんこ》として、其《そ》れ味わいなし」（第三十五章）

本当の道徳は言葉に表せば平凡なもの、むしろ淡白で味わいのないものかもしれない。米のめしと水とに味わいがないようなものだ、という。

淡交──これこそが渋沢栄一の企業とのかかわり方、二人の〝師〟に学んだ産業立国日本の、リーダーたる者の矜持《プライド》であったように思われる。

【著者】

加来 耕三（かく　こうぞう）

歴史家・作家。1958年、大阪市生まれ。81年奈良大学文学部史学科を卒業。現在は大学・企業の講師をつとめながら、著作活動を行っている。2020年、第57回ギャラクシー賞ラジオ部門で『加来耕三が柳川で大河ドラマをつくってみた』（RKB毎日放送）が優秀賞を受賞。著書に『日本史に学ぶ一流の気配り』（クロスメディア・パブリッシング）、『歴史の失敗学―25人の英雄に学ぶ教訓』（日経BP）、『利休と戦国武将―十五人の「利休七哲」』（淡交社）など多数。

【写真協力者一覧】※五十音順

茨城県立歴史館・大阪城天守閣・大阪大学適塾記念センター・国立国会図書館・渋沢史料館・尚古集成館

幕末維新の師弟学――出会いが生んだ近代日本

2021年2月5日　初版発行

著　者　加来耕三
発行者　納屋嘉人
発行所　株式会社 淡交社
本社　〒603-8588 京都市北区堀川通鞍馬口上ル
営業 075-432-5151
編集 075-432-5161
支社　〒162-0061 東京都新宿区市谷柳町39-1
営業 03-5269-7941
編集 03-5269-1691
www.tankosha.co.jp

デザイン　谷本天志
印刷・製本　亜細亜印刷株式会社

© 2021　加来 耕三　Printed in Japan
ISBN978-4-473-04426-6

定価はカバーに表示してあります。

落丁・乱丁本がございましたら、小社「出版営業部」宛にお送りください。

送料小社負担にてお取り替えいたします。

本書のスキャン、デジタル化等の無断複写は、著作権法上での例外を除き禁じられています。また、本書を代行業者等の第三者に依頼してスキャンやデジタル化することは、いかなる場合も著作権法違反となります。

加来耕三の本

利休と戦国武将 ― 十五人の「利休七哲」

四六判　240 ページ　本体 1,300 円＋税

ISBN978-4-473-04246-0　C0021 ￥1300E

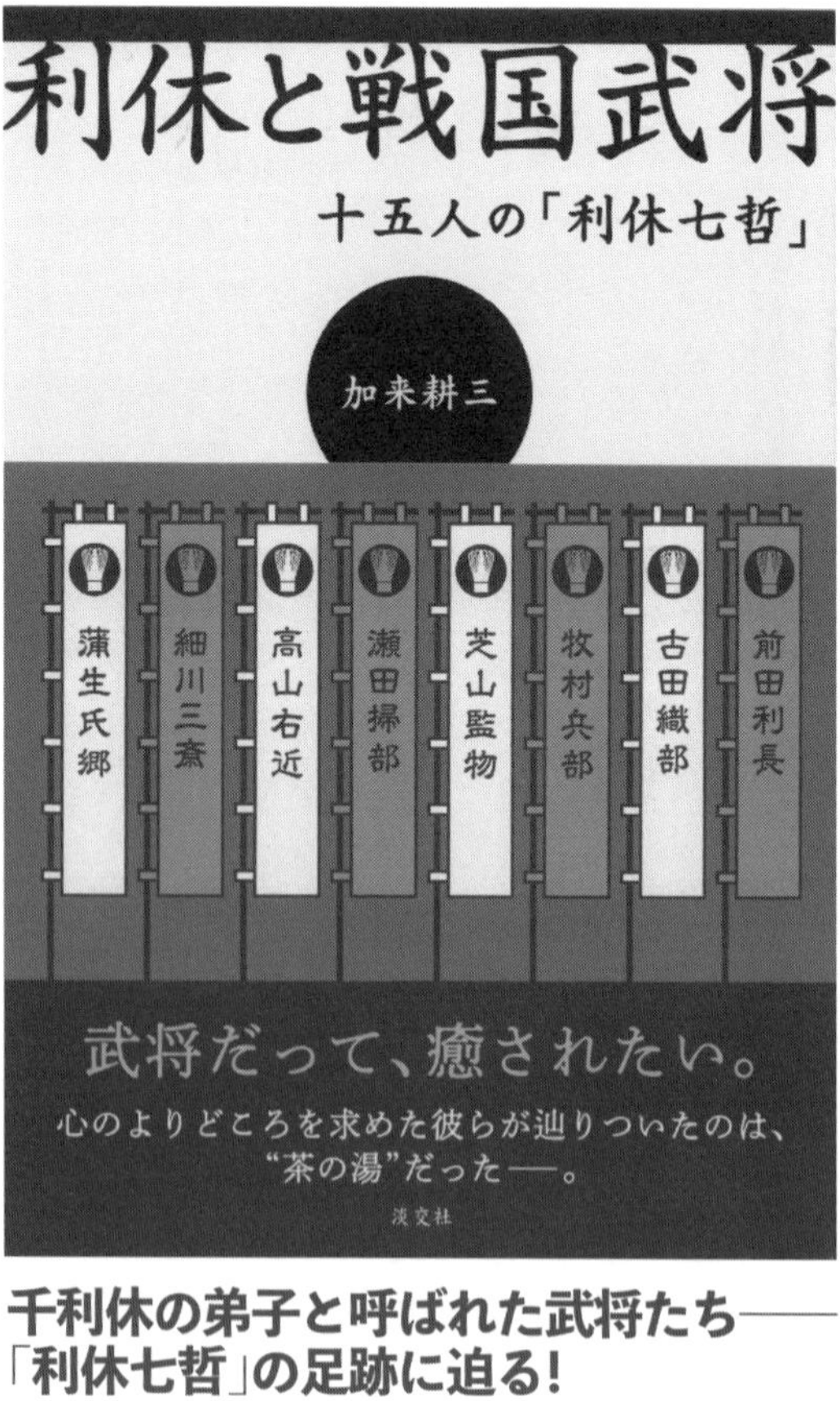

千利休の弟子と呼ばれた武将たち――
「利休七哲」の足跡に迫る!

時代によって入れ替わった彼ら15人は、なぜ利休七哲に選ばれたのか。細川忠興・蒲生氏郷・古田織部をはじめ 15人の素顔に迫る人物評伝。